告诉世界我能行

解决让人困惑的40个成长问题

葛永慧／编著

辽宁人民出版社

图书在版编目（CIP）数据

告诉世界我能行. 1，解决让人困惑的 40 个成长问题 / 葛永慧编著.—沈阳：辽宁人民出版社，2013.4（2017.1 重印）

ISBN 978-7-205-07602-3

Ⅰ.①告… Ⅱ.①葛… Ⅲ.①成功心理—青年读物 ②成功心理—少年读物 Ⅳ.①B848.4-49

中国版本图书馆 CIP 数据核字（2013）第 060505 号

出版发行：辽宁人民出版社
　　　　　地址：沈阳市和平区十一纬路 25 号 邮编：110003
　　　　　电话：024-23284321（邮　购）　024-23284324（发行部）
　　　　　传真：024-23284191（发行部）　024-23284304（办公室）
　　　　　http://www.lnpph.com.cn
印　　刷：永清县晔盛亚胶印有限公司
幅面尺寸：165mm×225mm
印　　张：14
字　　数：150 千字
印刷时间：2017 年 1 月第 2 次印刷
责任编辑：陈　昊
装帧设计：丁末末
责任校对：蔡桂娟
书　　号：ISBN 978-7-205-07602-3
定　　价：28.00 元

法律顾问：陈光　咨询电话：13940289230

前言

六一儿童节又快到了。一年一年长大的我们，在享受成长快乐的同时，也不可避免地会有各种各样的烦恼和困惑。

9岁的刘峰峦受不了爸爸妈妈总是拿自己和别人家的小孩做对比。他很疑惑，问："难道我不是爸爸妈妈亲生的，别人家的孩子才是，否则，爸爸妈妈怎么从来不夸我，而老觉得别人家的孩子比我强呢？"

10岁的段铭铭在家里很爱说话，也很顽皮。但一见到生人，他的烦恼就来了。因为人一多，铭铭就不敢说话，而且一有陌生人，他就不知道说什么。段铭铭也很无奈："为什么我一到人多的场合，说话就卡壳呢？"

11岁的顾程程觉得妈妈就像私家侦探，总是爱偷看她的日记。程程很伤心："我虽然是小孩子，但也是有隐私和尊严的。妈妈总认为我是她生的，就有权知道我所有的事情。我不是犯人，为什么妈妈不能给我一个私人的空间呢？"

12岁的苏睿哲知道爸爸妈妈望子成龙、望女成凤没有什么错。可是，他真的想知道，是不是只有考上重点中学才有前途？是不是考不到一所好学校的人前途就一片黑暗呢？要是以后真的考了不好的学校，他该怎么办？

……

成长从来不是一件容易的事情。在"考个好分数，上个好大学，找个好工作"的压力下，我们总是被父母严密地管制着，不但失去了很多多姿多彩的成长体验，还多了很多烦恼。

这些烦恼，其实来源于我们在学习、人际相处、情绪、品行、人格等心理方面出现的困惑。

在学习上，我们不懂为什么爸爸妈妈总是让我们看书做题，为什么只是迟到3分钟老师却要我们写长长的检讨书，为什么即便考了99分家长还不满足？

交朋友时，我们不清楚好朋友忽然不理我们了是为什么？被最好的朋友欺骗了，该怎么办？喜欢和男生一起玩，却被同学传谣言，怎么办？爸爸妈妈总是干涉我们交朋友，怎么办？

和爸爸妈妈相处时，我们疑惑为什么大人有错也不承认？为什么大人要偷看小孩子的日记？爸爸妈妈为什么总吵架？为什么妈妈和奶奶总合不来？为什么爸爸妈妈宁愿玩游戏，也不多陪陪我们？

关注自己的时候，我们想不明白为什么女孩子必须要做淑女，不懂是不是只有漂亮的女孩子才会受欢迎，是不是胖孩子就得被同学嘲笑？

成长本应该是快乐的，如何才能让我们的童年不烦恼呢？别急，让本书来帮助你吧。

《告诉世界我能行 1：解决让人困惑的 40 个成长问题》适合 7 到 12 岁的小学生阅读。它用通俗易懂、案例解析的方式，详尽描述并解答了孩子们常常会遇到的"成长的烦恼"，非常有助于小学生自己解决成长困惑。

　　希望每个孩子都能从本书中获得有益的指导，让成长变得不再烦恼。当然，如果可以，不妨和爸爸妈妈还有老师一起看看这本书，让他们了解我们在想什么、要做什么，和他们一起消除烦恼，享受成长的快乐。

目录

别人都有手机，我为什么不能有

 经典案例 ★

我也想要手机

11岁的儿子刘颂一直在闹着买手机，他说班级里一半儿以上的人都有了手机，而他自己还没有，所以想买一个。

"小学生有没有必要配手机？"这个问题让刘爸爸思来想去。要说为了联系，自己和儿子的班主任也互留了电话，联系也不成问题。而且，孩子还小，自控力不强，带个手机，一定会让孩子分心，这不利于学习。加上手机"黄毒"流入校园，真担心孩子会受到不好的影响。

刘先生拒绝了儿子买手机的请求，结果，刘颂难以接受："别人都有手机，为什么我不能有？"

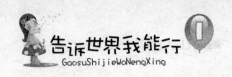

 心灵困惑 ★

孩子的困惑

绍齐：有手机很方便，可以随时跟父母或同学电话交流。为什么不让有？现在这个时代，电脑都普及了，手机自然也没事儿。

博文：别人都有手机，而且是最新款的，平时一拿出来，就让我羡慕。如果我也有手机，那该多好啊！爸妈都怕我学习分心，我觉得我还是有自控力的。

梓晨：我爸爸妈妈经常临时加班，来不及接我，有手机能及时告诉我。担心有了手机反被抢，哪有那么多可以担心的事情？

父母的困惑

陈珊：我是一名老师，以前曾收过学生的手机，发现大约 18 个小时里，他收到了 200 多条短信，上课时间有，凌晨一两点也有。这样哪还有心思和时间学习啊？

高哲：上周孩子上兴趣班，拿的是我那个旧手机。回来后，他跟我说，这个手机太旧，非让换个新的，说班里孩子们都是新的，他不想被人笑话。手机是用来联络的，怎么变成攀比了？

刘睿：孩子对于新事物的追求心理很强烈，总想通过各种办法去得到新鲜东西，以满足好奇心。对他们来讲，手机就是一个玩具，他们怎么可能不玩？

答疑解惑 / 手机不是拿来攀比的

手机对我们的身体健康有害

我们的身体正处于生长发育阶段，耳朵、颅骨比成年人更小、更薄，免疫系统比成年人脆弱，神经系统正在发育。使用手机产生的辐射容易使大脑受到伤害，引发头痛、记忆力减退和睡眠紊乱等，这对我们的健康很不利。

不要为攀比而买手机

大部分人非要带手机，其实多是出于好玩，想让同学看得起，不想被大家笑话自己。这属于攀比心理，是一种很不好的风气。

有同学跟方寒挑衅，说："你的鞋不是耐克的，你的衣服不是名牌，你还没有手机，你真落后。"方寒是这么回答的："我们现在是学生，我不跟你比别的，要比就比学习，比体育。比谁的鞋、衣服、手机好，有什么意思，还不是用的爸妈的钱。"

手机可能会影响学习

现在，我们的辨别能力还不是很强，对于手机网络上面的不良信息，我们很容易受影响。而且，确实有不少人自制力比较差，会偷偷发短信、打电话或玩游戏，难免分散学习精力，进而影响课业成绩。

10岁的安捷因为考了班上的第一名就嚷着要买一部手机，爸爸答应了。不久，安捷又要求换个新手机，并说换得越快就越被同学看得起，学习起来才会努力。可是换个功能多的手机之后，安爸爸发现，安捷竟玩手机游戏上瘾，无心学习了。

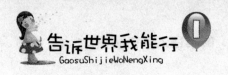

正确使用手机

小学生使用手机应该慎重，最好根据需要决定是否配备手机。我们要知道，父母让我们用手机是为了方便与我们沟通和联系。当他们不能及时接我们的时候，可以事先告知，不让我们着急。当我们没有及时回家时，用手机和他们联系，可以让他们不必担心。若是如此，我们可以在某些时候使用手机。

另外，上课的时候，我们的手机要关机或者调成静音。平时，尽量在教室外接听电话。

写给家长的话 /
关键在于，教会孩子正确使用手机

正确使用手机，对学生来说，主要包括三个方面：一是掌握好开机关机时间。一般来说，上课时间都应让孩子关机，家长最好准确地了解孩子所在学校的作息时间，要同孩子联系，最好约定时间，比如中午或下午放学后。

二是能选择恰当的使用场所。什么地方可以用手机，什么地方不要用手机，比如，接打电话最好在教室外面。

三是交际内容和对象的恰当选择。同什么人说，说些什么？这是手机使用中的核心问题。许多家长反对孩子带手机，就是怕他们随便交友，说些毫无意义的话，而且没完没了发短信等。

小孩子就没有发言权吗

 经典案例 ★

为什么所有事情都是父母决定？

放学一个多小时后，徐健带着一身泥土回到家。徐爸爸非常生气地问他："怎么这么晚才回来？身上还弄得这么脏？"

看到爸爸不高兴，徐健怯怯地说："下午学校足球队选拔队员，我去参加选拔了。"

想到儿子竟然自作主张，这让徐爸爸更加生气了："什么足球队？谁让你参加足球队了？你经过我同意了吗？"

"我喜欢踢足球，是我自己要参加的，而且好多同学都是自己报名的，我……"

徐健还想为自己辩解，却被父亲的怒吼打断了："这绝对不行！成绩那么差，还有心思参加什么足球队，你要敢去，小心我打断你的腿！"

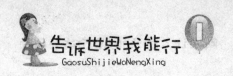
无奈的徐健，只有放弃进足球队的机会。每当看到自己不感兴趣的课本，徐健就没了热情。

徐健搞不懂：我现在都12岁了，什么事情还都得父母做决定。难道父母要替我做一辈子决定吗？我也有发言权，我喜欢什么、想做什么，甚至我想要什么样的生活……爸爸什么时候才能让我自己做决定呢？

 ## 心灵困惑　　　　　　　　　　　　　　　　　　　　★

孩子的困惑

一年级的陈恳：搬新家了，妈妈把我的屋子刷成绿色，可是我事先一再告诉他我要蓝色。妈妈为什么不听我的意见呢？我的爱好是绘画，梦想是把那些美丽的瞬间都记录在画板上。可是，妈妈却说画画没前途，非要我去上钢琴班。我的爱好自己怎么就做不了主呢？

三年级的韩雪：爸爸妈妈，如果你们愿意听，我会把我的心里话全都告诉你们，可是不知道为什么，每次我只说了一句话，你们就让我"闭嘴""收声"，就开始教训我，甚至我一反驳，你们还动手打我，说我"不听话"。我觉得奇怪，我都没有把话说完，你们都不了解情况怎么就开始用"一训二骂三打"来对我？这就是你们所谓的爱吗？

六年级的黄海涛：我们一家三口要出门旅行，爸爸说去北京长见识，妈妈说去爬泰山看风景，为什么就没有人问我想去哪里呢？我的个子不高，我的意见就可以被忽略吗？

父母的困惑

方先生：孩子懂什么！我就是怕他乱来，所以早就给他做好了人生规划。学琴，考级，当钢琴家，以后人生多风光。他刚10岁，就要自己做决定，他能做什么？

慕女士：我和孩子一块去买衣服，他看上的明明不合适，还非要吵着买。我能给他买吗？当场就拒绝了，给他买了一些其他帅气的衣服。可是，第二次，孩子再也不和我一起去了，嚷着："我说买哪件，你又不给买。到头来，还不是你自己决定。那我去干吗？"真的是我错了吗？

 ## 答疑解惑／如何告诉父母我们的意见 ★

有自己做决定的需求是正常的

我们慢慢长大，就有了自主意识，就不再愿意什么事情都听父母的，有了自己做决定的需求和愿望。这种需求是健康的、自然的。

如果我们从小就能有意识地培养表达意见、做出选择和做决定的能力，那在以后的人生路上我们就能独立地解决难题。如果总是什么都需要父母决断，我们就会变得没有主见。

如何向爸爸妈妈表达自己的意见

当爸爸妈妈散步或看电视等比较悠闲和愉悦的时候，我们可以跟他们聊一下我们的看法。

除了面对面地沟通，我们还可以尝试用写信的方式与爸爸妈妈谈一谈，或者，给父母留字条，发短信等，和父母讲讲我们是怎么看这

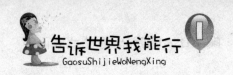

件事的，希望父母怎么做，为什么这样做的理由，等等。至少，要得到父母的理解。

如果和父母在一件事情上有分歧，可以坦诚地和他们聊一聊，说说彼此这么做的理由和依据，设想事情发展的后果。然后综合所有人的意见，选出最好的办法。

 写给家长的话 / 学会凡事和孩子商量 ★

没有发言权，孩子难独立

如果做父母的总把"选择权"和"决定权"牢牢地把握在自己手中，那久而久之，孩子的自主意识就会被抑制，自信心会受打击，影响孩子对自己的评价，很可能导致孩子产生消极的自我评价。等孩子长大后，他就会缺乏判断力和选择的能力，缺乏责任感和主见。那时候，父母想训练他独立自主就很难了。

要改变这一点，最好就是适当放手，还给孩子必要的发言权和决定权。

孩子再小，也要尊重他的意见

父母要有这种意识——"孩子是小人，小人也是人。"尊重孩子在家庭和教育中的地位，任何涉及孩子的事情，应该多尊重或听取孩子的意见。比如，对话时，不要中断或反驳孩子；不要干涉孩子自己喜欢的方式等。

张先生女儿桐桐房间的窗帘旧了，张太太带着她去买新的。回来后，桐桐很高兴地对张先生说："我早想要个天蓝色的窗帘，终于有了。"原来，买窗帘的时候桐桐说了自己的想法，妈妈说了她的意见，然后两人综合了一下最后做出了选择。桐桐最后说："我长大了，你和妈妈更像我的朋友了。"

孩子看问题常有与成人不一样的视角，也常有成人想不到的新奇发现和想法。凡事征求一下孩子的意见，倾听一下他们的看法，即便最后没有采纳他们的意见，让他们勇敢地说出来，也会令孩子感到自己在家庭里是受尊重的。

多信任和支持孩子

当孩子决定做某事时，只要不是原则性的问题或危险的事情，家长应该多给予信任和支持。即使孩子最后失败了，相信孩子也能从中得到深刻的经验和教训，为自己以后的成长打下良好的基础。

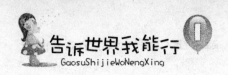

"我不怕僵尸，我怕黑"

 经典案例 ★

我怕黑

要问 9 岁的苏珊最怕什么，答案就是怕黑。小时候，苏珊和妈妈一起去散步。忽然，小区停电了。苏珊和妈妈为了快点儿回到家，只好抄小路走小巷。

小路静静的，时不时吹来丝丝凉风。尽管苏珊和妈妈在一起，可她还是毛骨悚然，手不禁颤抖起来，心脏跳动得越来越快，情不自禁地把妈妈的手抓得越来越紧，心中默念着："快点儿快点儿到家啊。"可是，苏珊的脚却像灌满了铅似的，非常沉重，不听使唤，总迈不出步子。

小巷是那么长，仿佛永远也走不到头。苏珊觉得眼前仿佛出现了一只只怪兽狂叫着，面目狰狞地横在她面前，好像要把她吞下肚子。

虽然苏珊长大了，但她还是摆脱不了对黑暗产生的恐惧感。晚上

010

睡觉，苏珊总是开着灯，对于妈妈的反对，她总是说："只有这样我才敢睡，我不知道怎么办？"

我不要分床睡

韩颖的日记写道：

现在上三年级了，还不愿和妈妈分开睡觉。妈妈一说要我单独睡，我就又吵又闹，直到她改变主意。

我，最怕黑。黑夜里我会做噩梦。我常常梦到鲨鱼啦，鳄鱼啦，被暗害啦，被绑架啦，被鲨鱼、鳄鱼吃啦，后面有狼追啦，等等。很多很多，说也说不完。

我常常会把妈妈挤到床边上去，靠着妈妈越近我就感觉越安全……

心灵困惑

孩子的困惑

四年级的陈航：我已经10岁了，可是每天晚上一个人睡觉都很害怕。天天晚上开着灯睡觉，被妈妈发现就挨一顿骂。可是，我也没有办法。怎么办？

五年级的张俊：妈妈一再告诉我，我是男孩子，要勇敢，一个人睡。可是，一个人睡多害怕啊，那么多鬼怪，他们会来抓我的。我不想一个人睡，不行吗？

父母的困惑

杨女士：我的孩子8岁了还不敢一个人睡觉，如果我一离开，他就会马上用被子把头盖住，即使闷得满头大汗，也是如此，怎么办呢？

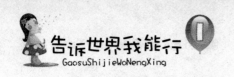

刘先生：孩子 10 岁了，最近忽然不敢一个人睡一个房间了，半夜起来上厕所后就会跑到我的房间，然后请求和我一起睡，或者找一些借口和我一起睡，把他送回自己的房间后，他又要求我不要关灯、不要关门，问他怕什么，他又说不出来。是不是发生了什么事情，他怎么了？

 答疑解惑 / 鼓励自己战胜对黑暗的害怕 ────── ★

为什么怕黑

很多人小时候都有过怕黑、不敢一个人睡觉的情况。这常常是因为我们经常被大人拿鬼吓唬。或者，听到鬼故事，或者看到了血腥的电影画面，让我们产生了不好的联想。比如，奶奶说晚上"老猫"会来咬你，电影里讲怪物躲在厕所里，等等。在没有大人陪伴的情况下，我们就会感觉是不安全的，所以会恐惧。

但是，鬼怪这些东西，是虚无的，根本不存在的。电视、电影上的鬼怪都是根据想象用道具和动画技术做出来的。

和大人一起到近处看"鬼影"

如果我们现在怕黑，尤其怕鬼，那不妨看哪里像有鬼，就拉着爸爸妈妈走过去，在近处看清楚那是什么。事实上，我们认为的鬼可能只是树的影子、花瓶的影子，还有风吹动的窗帘。知道了这些，慢慢地我们就会不害怕了。

鼓励自己：我是大孩子了，不怕

很多孩子是因为胆小，不自信而害怕黑夜。这时候你可以在日记里鼓励自己：我不可能一辈子都要人陪着睡觉。我已经 10 岁了，有了足够的力量，可以独自做很多事情了。独自睡觉可以向父母证明我离开爸爸妈妈是行的，也是安全的。

还有一些小的办法，可以帮助我们一个人睡觉。比如，可以抱着自己喜欢的毛绒娃娃睡，或者，听舒缓的音乐帮助我们睡眠。

 ## 写给家长的话／帮助孩子把黑夜变安全

孩子怕黑，不敢一个人睡，是缺乏安全感的表现。关键是，弄清楚孩子怕黑的原因，然后进行一些针对性的引导。

大部分孩子怕黑是因为受了鬼故事和血腥电影的刺激，所以，家长要特别注意，无论在何种情况下，绝不吓唬孩子，也不让孩子看恐怖的影视剧。

如果知道孩子是受鬼故事的影响，家长就要给孩子讲科学，消除这种恐惧。

王先生常与孩子一起观看晚上窗外的风景，并让他知道："噢，原来玻璃窗上的'大怪物'是屋外大树的影子。""外边天空中有星星和月亮，它们都在陪着我呢！"等等。这样孩子就能体会到物体在黑暗中与在白天有什么不同。

王先生还常常与孩子在黑暗中做游戏，比如，听音寻人。让孩子坐在床上，父母变换位置小声说话，让孩子判断位置。一段时间下来，孩子就再也不怕黑了。

应对孩子怕黑的一些常见的做法是，预备一盏不刺眼的床头灯整夜亮起，并且让小孩自己在床上、大人坐在床边讲故事或唱歌哄他入睡，

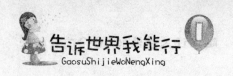

多鼓励孩子。有经验的陈妈妈说："我给儿子布置了房间，买了套印有超人的床上用品，给儿子一个他最喜欢的小公仔，再开一个小夜灯，儿子就很勇敢地一个人睡了。"

注意，虽然现在分床对孩子来说会有分离的痛苦，但这种痛苦对孩子的成长是需要的，能让他变得独立勇敢。

我不"听话"，就不是好孩子吗

经典案例

到底多听话才是好孩子

7岁的方晓算是乖巧的孩子，但晓晓自己并不开心，因为在妈妈心里她才不是什么好孩子。每当晓晓不顺从的时候，方妈妈都会生气地指着别的孩子，说："看别人多听话，就你这么淘气。我数到三，你就必须怎么怎么，否则有你好看！"次数多了，晓晓知道争辩也没有什么作用，就决定随爸爸妈妈的便，变得"听话"起来。

这天，方晓正在玩新买的玩具，方妈妈带着一位邻居的小弟弟来了，对方晓说："乖，把玩具给弟弟玩。"方晓不愿意，毕竟是自己心仪的玩具，还没有玩够，她哀求着妈妈。

方妈妈见劝了两句不见效，就板起脸，说："你怎么又不听话？听话才是好孩子。"方晓顿时委屈得哭了："无论我变得多乖，有多听

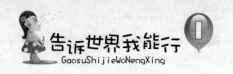

话，你们还是说我不是个好孩子。到底多听话才是好孩子？"

我也不想那么听话

上学路上，安鑫和张莎边走边聊。

安鑫：晚上放学回家，好不容易做完作业，我妈又逼着我做买的习题，一边监督我做，还一边喋喋不休地唠叨："瞧瞧你这副模样，做一本习题就唉声叹气的样子。也不学学人家张莎，人家可认真了，天天晚上回来读英语，做一张试卷，多听话呀！哼，你是烂泥巴扶不上墙！"张莎，你怎么那么听话呢？

张莎：你以为我想吗？可我被镇在我妈的五指山下，没办法。我有一点儿调皮，我妈就说："你这孩子怎么那么不听话？你要气死我吗？"你说我还有什么办法。

安鑫：我真是有点儿不明白，听话就是好孩子的唯一标准吗？不听话就不是好孩子吗？

张莎：谁知道呢？

 心灵困惑 ★

孩子的困惑

一年级的丁山：每天妈妈接我放学，问的第一句话就是："今天听话吗？"她怎么从来就不问问我"今天开心吗？"听话，就那么重要？

四年级的梅史：我把想当班长的意思跟爸妈说了说。谁知，爸爸却说："就你，还想当班长？在家跟我们顶嘴，在学校跟老师顶嘴？知道我们楼上的婷婷为什么是班长吗？就是因为人家从来不捣乱，人家

016

很听话！"老师真的是看谁听话让谁当班长吗？

父母的困惑

宋先生：孩子从学校回来，作业也不写，就和其他孩子一起跑出去玩。我把他找回来，他还是磨磨蹭蹭的，我就说："快写作业，再不写快点儿，我就打你的屁股了。"他竟然说："你打吧打吧。"他怎么那么不听话，我还不是为了他好！

刘女士：我和女儿正在看电视，她突然说："妈妈，你看电视剧里的孩子，他跟妈妈争论问题，他觉得妈妈是错的，自己才是对的，他怎么能这样？"我说那个孩子有主见。女儿接着说："那我和你讨论问题的时候，你怎么不说我有主见，而是说我不听话呢？"

答疑解惑 / 不做只听话的孩子，要做讲道理、有主见的孩子

听话，不是好孩子的唯一标准

在我们小时候，爸爸妈妈总会把听话当成"好孩子"的唯一标准。他们这种想法是不正确的。等再长大一点儿，我们就会发现"好孩子"的定义很宽泛，包含生活习惯、能力、性格、道德品质等各个方面。所以，爸爸妈妈只用听话不听话来要求我们是不恰当的。

事实上，对于逐渐有思想、有见地的我们来说，太听话可能意味着我们会变得只会说"是"、"好"、"行"，没有主见，不能自己做决定，就像父母的"提线小木偶"一样。这样长大了我们就不知道自己该做什么了。

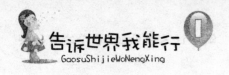

淘气也有好处

淘气的孩子总是不满意家长"哄"的那些话，爱提问，爱刨根问底，胆子大，有勇气去接触未知的东西。长大后，淘气的小朋友或许成为发明家和创造者呢。

当然，太淘气，谁的话也不听，也是不行的。

做讲道理、有主见的孩子

我们可以不做只会听话的孩子，但一定要做讲道理、有主见的孩子。这样的话，我们既不会什么都盲目顺从，也不会太淘气任性。在父母指导正确的时候听话，在与他们意见有分歧的时候，我们可以充分表达自己的想法和意愿。

 ## 写给家长的话 / 给孩子一点儿淘气度

太听话的孩子可能成为问题儿童

"淘气就不是好孩子，听话就是好孩子。"这是大部分家长的共识。但是，心理学家研究发现，所谓"听话的好孩子"很有可能是问题儿童。因为这些听话的孩子，缺乏独立适应环境的能力，一旦失去了家长的指点，就会不知道怎么做。

所以，家长不应该对孩子管教过严，这也不允许，那也限制。最好给孩子一点儿淘气度，允许孩子在一定的范围内自由发挥。只要孩子遵守日常生活规律，讲卫生、有礼貌、不自私、不说谎，其他问题则不必多加干涉。

调皮的孩子更独立

当然，还有不少家长抱怨孩子很不听话，你说一，他说二；你指东，他奔西；任性调皮，令人头疼。其实，我们不必烦恼，这种任性调皮的孩子不是坏孩子。从某种角度来说，孩子不听话恰恰说明孩子精力充沛、聪明和独立。长大后，他们会更有判断力和创造精神。

当孩子任性、不听话时，父母不要着急，应该意识到孩子正处于心理上的反抗期。这时候放任自流也不对，最好是对淘气的孩子要给以引导，把他们的精力引导到兴趣、爱好、体育运动等正确的方向上去。

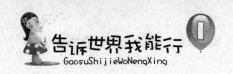

男子汉就不能哭吗

 经典案例 ★

男孩子就不能哭吗?

10 岁的男孩于涛半蹲在自行车旁,紧紧闭着眼睛,大声哭喊着。

原来,他的手指一不小心被自行车踏板的弹簧压片给死死卡住了。十指连心,一碰就疼,而且,手指还开始肿胀发黑,除了哭,于涛不知道该怎么办?

这时,蹲在一旁的于爸爸对儿子说:"是男子汉,就不哭!"听到爸爸的话,于涛委屈极了,心想:"我这么疼,为什么不能哭?"他的哭声更大了。于爸爸看他还哭,瞪起眼,吼着:"哭什么哭,这点儿痛都忍不住,不准哭。"

看到爸爸生气了,于涛不再号啕大哭而改为时断时续的轻声抽泣,他心里很不明白:"就因为我是男孩,我就不能哭吗?"

我不想当男孩子

7岁的任然在日记里写道:

我不想当男孩子了。今天我和小区里的小朋友玩。我和一个女孩都看中了一个玩具,我没抢过她,我很难过,就哭了。妈妈走过来,对我说:"别哭了,儿子!我们可是小男子汉,哭可不好呀!"而爸爸却说:"小女孩才爱哭呢,快给我闭嘴!"当男孩不好,我不要当男孩子啦。要是只有做女孩才能想哭就哭,那我当女孩多好!

 ## 心灵困惑 ★

孩子的困惑

二年级的文轩:妈妈常常让我记得"你是一个男孩子,要坚强"。尤其是我想哭的时候,她总会说:"小轩是个男孩,不能哭。"为什么男孩就不能哭呢?真是搞不明白。

四年级的陈思远:妈妈常说一句话——玲玲是女孩子,你是男孩子,你要让着她。为什么我不是龙凤胎里的女生呢?这样就有人让着我了。

六年级的张昊:爸爸说做男孩就要"流血流汗不流泪",要勇敢要坚强,不能动不动就哭。可是有些事情真的是委屈得或者感动得让我想哭啊。我很勇敢,但我不想失去哭的权利,怎么办?

父母的困惑

袁先生:一不同意孩子的意见,他就哭。男孩子,一点儿小事就哭。有什么好哭的?我和他妈妈小时候也吃了不少苦,也没哭过。

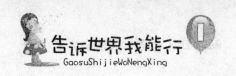

柳女士：我一直训练孩子的坚强勇敢，不让他哭。可有一天，我发现孩子背上流血的伤口，我问他疼不疼，哭了吗？他说："很疼，可妈妈不是说男孩子不能哭吗？我就忍着。"看着儿子这样坚强，我却不知道为什么特别难过。

 ## 答疑解惑／哭并不是罪 　　　　　　　　　　　　　　　　　　★

哭对身体健康有利

喜怒哀乐，本来就是我们生来就有的权利。哭泣可以帮助我们发泄情绪，减轻压力。如果长期因为"男孩子是不能哭的""男子汉是流血不流泪的"这些话而忍住不哭，把痛感硬生生地逼回去，眼泪咽回去，那很有可能会伤害我们的身心健康。

所以，哭并不是罪。如果难受了，当哭则不妨放声大哭，无须把泪往心里流。其实，像爸爸妈妈一样的大人伤心难过的时候也是会哭的。

哭不代表不坚强

会哭的男孩子就不是男子汉？当然不对。流泪与否不是男子汉的标签，眼泪不代表软弱，大哭不代表不坚强。

虽说"男儿有泪不轻弹"，但却不要误会它的意思。这句话是说，男子汉要有阳刚之气，勇敢，负责，坚强。

把坏心情讲出来

另外，如果心情很不好，除了哭，我们还可以把心情写到日记里，找同龄的孩子说一说，或找自己信赖的长辈讲一讲。有时候，光哭不能解决问题，你可以告诉爸爸妈妈，你为什么要哭，这样他们才好帮你。

写给家长的话／不要"止哭"

不要剥夺孩子哭泣的权利

作为家长，我们应该鼓励孩子痛了就哭出来，别憋在心里。如果硬是用"是男子汉就不哭"来止住孩子的哭声，那孩子真实的情感就会被屏蔽、压抑住了。心理学家认为这样做会增加孩子的心理负担，最终导致孩子心理失衡，易患孤独症等。

所以，不要剥夺孩子哭泣的权利。这不是纵容和溺爱，而是鼓励孩子学会正确表达自己的情绪和情感，帮助孩子正确地分析和应对自己的情感。这显然比让孩子获得"男子汉"的标签来得更实际、更重要！

正确解释什么是坚强

一些家长不让男孩子哭，借此来训练孩子坚强。事实上，坚强首先是行为，然后才是一种品质。真正的坚强是敢于面对生活的磨难，敢于承担自己的责任，而不是用哭否来定义的。

和孩子一起感受委屈

当孩子大哭时，家长决不能无比理智地说："没什么好哭的……"，这只会让他更委屈，更愤怒，哭得更大声。家长要做的是，找出原因，理解并开导他。比如，要抱着孩子，然后轻轻说："零食被弟弟吃了你很难过、很气愤是吗？弟弟这样做不对，妈妈要批评他。"或者说："妈妈知道你摔疼了。"话虽不多，但孩子立马就会觉得"妈妈是理解我的"，他的委屈、难过、愤怒都会减少很多，慢慢就会止住哭声，情绪逐渐平静。

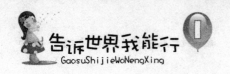

我不想别人比我好

她撕了好姐妹的作业

陈妈妈的女儿晶晶有一个同学小霜，两人就要读小学五年级了。在陈妈妈看来，小霜模样乖，嘴巴甜，人聪明。自己女儿和小霜多接触，也是希望孩子能够向小霜学习。

暑假，晶晶和小霜都去北京参加了夏令营，回来之后就在一起赶暑期作业。因为晶晶把在北京的行程和感受记了下来，所以写日记的速度快过了小霜。当晶晶第 7 篇日记已经写了一半的时候，小霜的第 4 篇日记才刚刚开头。

下午，陈妈妈忽然接到女儿晶晶的电话，晶晶哭着说，小霜把自己写好的日记给撕掉了。

陈妈妈回家一看，女儿的日记果然被撕掉了，只剩下 4 篇。陈妈妈很气愤："小霜这个女娃娃，平时看起来乖乖的，怎么嫉妒心这么强。"

我的鞋绝对不能比同学差

唐妈妈带着嘉熙去买鞋子，到了店里，嘉熙说："我只要'阿迪达斯''耐克'这两个牌子的，其他的都不行。"唐妈妈觉得孩子一点儿都不知道体谅大人，这两个牌子的运动鞋多贵啊！

唐妈妈试着和嘉熙讲道理，可嘉熙却想：现在我的同学各个穿的都是"阿迪达斯"或者"耐克"。要是我买双便宜的，就显得太寒酸了。我虽然不能比别人穿得好，但我绝对不能比别人差，妈妈怎么连这点都不明白？

心灵困惑 ★

孩子的困惑

三年级的田雨：玲玲每次上图画课都受老师表扬，要是老师哪一天能说我的画比玲玲的好，就太美了。我真的不想玲玲比我好，这难道不对吗？

五年级的陈星：考试那天，我祈祷总是考第一名的同学生病请假，不能参加考试。为什么我总是会不由自主地有这种念头？我这么想是不是很坏？

父母的困惑

章女士：过年时，我给儿子和女儿各准备了一个小礼包。儿子看着自己手上的橙色礼包，又看了看女儿的红色礼包，突然大哭起来，还狠狠地把手上的礼包摔到了地上。他说："妈妈偏心，妈妈喜欢妹妹，

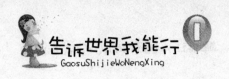

给妹妹的礼物好。"其实，两个礼物都一样，只是颜色不同，我不明白，孩子哪来这么强的妒意？

金先生：我孩子回家总说他们班长这不好，那不好。可一次开家长会，我却发现，他们班的班长学习好，也受老师和同学的喜欢，完全不是儿子口中的样子。儿子为什么要抹黑别人呢？

鲁先生：女儿小羽胆小，不敢过公园里的独木桥，我扶着她走了几遍，最后她能自己一个人慢慢地从一头走到另一头了。她很高兴，但是很快她的脸色就沉了下来。原来一个小男孩刚一溜小跑从独木桥上跑了过去。这时，我听到女儿狠狠地说："他怎么可以跑得比我快？哼，摔下来才好。"孩子这是怎么了？

 ## 答疑解惑 / 只上进，不妒忌

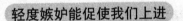

轻度嫉妒能促使我们上进

我们每一个人心底都有一股锐气，当周围的人超过自己时，总觉得不服气，别人能办到我为什么就不能？于是发奋努力，与别人一争高下。这种轻度的嫉妒心理是十分正常的，它就像一股向上的力量，会促使我们发挥自己的潜能。

过分嫉妒令所有人不开心

如果面对别人的出色，我们只是想方设法打击别人，而不是奋起直追，这就是过分嫉妒心理了。

其实，当我们的自我意识开始觉醒，我们就会表现出嫉妒，比如，嫉妒别人有才，有能力，长得美，性格好等。甚至，只要是别人在某一方面超过我们，我们就会不高兴，会发脾气，会想很多办法把"跑"在前面的人拉下来，或贬低别人。

可以说，嫉妒是我们成长的副产品，让我们不开心，也让别人不开心。

找到自己的长处

面对嫉妒，我们要做的是消除它不好的一面，发挥它好的一面。

你嫉妒别人画画好，何不找出自己具有而别人没有的优点呢？她跳舞好，你篮球打得好，也许她还羡慕你呢？所以说，当你能对自己有信心时，你就会慢慢克服妒忌的心理。

比较总是让人难过的，最好的办法是只和昨天的自己比。你原来只能弹一首曲子，但经过练习你现在可以弹五首。你每一天都在进步。

学会宽容一点儿

我们亲爱的爸爸妈妈也会有妒忌的感受。比如，当你和爸爸一起亲热的时候，妈妈也会妒忌爸爸。但是，妈妈不会因此发脾气或感到难过。因为妈妈宽容，而且，她相信你也是爱她的。如果你嫉妒别人了，你要和爸爸妈妈说说你是怎么想的，他们会帮你消除这种不开心。

 写给家长的话／让孩子的嫉妒变成积极动力

嫉妒影响孩子的心理健康

对子女的期望越来越高，孩子在竞争的环境里，压力越来越大，慢慢的，这种竞争就会衍生出嫉妒心理。

孩子嫉妒别人是一种可以理解的正常情绪反应，但不能听之任之，

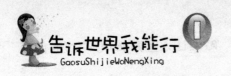
否则，孩子以后就会产生忧愁、怀疑、自卑等不良情绪，而且，它还会影响孩子对事物正确、客观的认识，影响孩子与他人的正常交往。

倾听孩子因嫉妒而生的苦恼

一般来说，孩子的嫉妒是直观真实、简单明了的，因此，家长不要盲目对孩子的嫉妒行为进行批评。最好拥抱孩子，然后耐心倾听孩子的苦恼，理解他们无法实现自己的愿望所产生的痛苦情绪，以便使孩子因嫉妒产生的不良情感能够得到宣泄。比如，家长在认真倾听孩子感受的同时，可以对他说："哦，你很喜欢那样的玩具，但是你没有，所以你很难过对不对？"家长对他的感受表示理解就可以了，而不必真的为他买玩具。

帮孩子正视自己

家长要帮助孩子全面分析他自己和所嫉妒对象之间的差距及产生差距的原因，缩短差距的途径和方法。也就是说，帮孩子找到自己的优势和长处。事实上，当他觉得自己也很优秀时，他就不会嫉妒别的"幸运儿"了。

注意，不要过分溺爱孩子，尤其是指责被嫉妒的对象，说"他没有你好""他没有什么了不起的"。家长既要承认别的孩子的好，也要鼓励自己的孩子，让他懂得大家都有自己的优势。

是不是世界上的父母都喜欢比较

经典案例

★

我恨透了"别人家的孩子"

网上一个帖子引起了众多小学生的共鸣：从小我就有个夙敌叫"别人家的孩子"。这个孩子从来不玩游戏，不聊QQ，不喜欢逛街，天天就知道学习。长得好看，又听话又温顺，考试年级第一，不让人操心……嗯，我在我妈嘴里是最差劲的。

为什么妈妈总说别的孩子好？

杨晨的妈妈和陈潇的妈妈是同学，再加上孩子又是同龄，在一个班里念书。于是，杨晨和陈潇就成了妈妈嘴里最爱比较的对象。

每天杨晨一回家，妈妈问的第一件事就是陈潇表现如何，考试成绩怎么样，生词默写出来没有？一听说陈潇超过了杨晨，马上拉长脸，劈头盖脸地一阵乱骂。

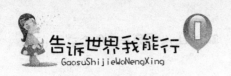
上周，陈潇在英语竞赛中获得了二等奖，杨晨妈妈听说后，说："你看人家陈潇多好，你的英语怎么回事？"杨晨觉得自己受够了妈妈的比较，委屈道："我是不是你生的？为什么你总说别人的好？你找别人的儿子做你儿子好了！"

心灵困惑

孩子的困惑

三年级的申雪：我是一路被"比"着长大的，比学习，比运动，比才艺，比人缘。任何一个话题，到了爸爸那里就是，你看你表哥怎么怎么样的好……

五年级的赵博：家长总喜欢拿自己家的孩子和别人家的孩子做对比，或是把自己没有实现的心愿强加到自己孩子的身上。父母为什么会这样呢？难道他们不知道这样很伤害我们的自尊心吗？

六年级的韩堂宇：从上小学开始，父母就总是拿我和"别人家的孩子"比较，这个别人家的孩子有时是具体的人，有时是他们虚构的，总之，当我学习放松、退步，或者他们对我有什么新要求的时候，这个"别人家的孩子"就会适时地出现。我很生气，为什么父母老觉得别人的孩子比我强？

父母的困惑

赵先生：我一提到总是第一名的侄子，儿子就反感，有一次他竟然生气地问我是不是侄子才是我儿子。我给他找了个榜样，他怎么还不愿意去学习？

李女士：我拿女儿和别人比，本意是想让女儿"知耻而后勇"，激发女儿学习的斗志，哪知倒让女儿越来越觉得自己不如人，对自己失去信心。难道我不该这么做吗？

 ## 答疑解惑 / 比较的出发点是希望孩子更好

比孩子，为了让我们向别人看齐

似乎每一个妈妈心里都住了个"别人家的孩子"。她们时常会拿这个"别人家的孩子"与我们做比较，然后对我们说："看看人家谁谁谁，人家干什么都比你好，再看看你……"

爸爸妈妈们之所以会这么说，是因为他们希望自己的孩子永远比别人家好。一旦在别的孩子身上看到我们没有的优点，他们就会希望我们能改正缺点，变得更完美。因此，爸爸妈妈会不自觉地希望我们向别人"看齐"。

可以说，这是父母的"通病"。所以，不要担心，我们在父母的眼里还是最好的。爸爸妈妈并不是不爱我们，而是对我们抱有更大的期待，希望自己的孩子能出息。他们用这样的方法只是想激励我们去学习和上进。

如何不被"比"

虽然常常和我们在一起，但是，爸爸妈妈有时候并不能十分懂我们，也不知道如何评价我们。于是，父母更多地看到了我们的不足。

如果你想改变这种"被比较"，那就试着和父母认真地谈一谈，心平气和地说出你自己的感觉和想法。

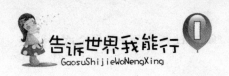

有时候，我们还可以聪明地化解一些不好的气氛。

10岁的沈岸能够用幽默赶走比较。一次沈爸爸一个劲儿地说李嘉诚的儿子多么优秀，多么有能力。听完爸爸的念叨，沈岸就哀怨地叹了口气："哎，李嘉诚这个爸爸做得太出色了，真的是有其父必有其子呀！"说完，全家都笑了。

另外，要相信自己的能力，你并不差。也许，你只是没发现，你一直是别人眼中的"别人家的孩子"。

写给家长的话 /
把自己孩子也当成"别人家的孩子"

★

常被比较，孩子伤心

很多父母经常拿自己的孩子与别人比较。殊不知，这对孩子造成的伤害是很严重的。这些被父母经常比较的孩子，通常会没有安全感、易愤怒和嫉妒等。甚至，因为觉得得不到父母的爱而伤害别人。

作为父母，不要老拿孩子和别人比较，而是要坚信孩子永远都是自己的好。要知道，每个人都有自己的天赋、性格和能力。正确的态度应该是，根据自己孩子的特点进行教育。

关注孩子的每一个进步

不拿孩子攀比最好的办法是关注自己孩子每一个微小的进步。比如，拿孩子的这次成绩和上次比，比较孩子的新优点和改掉的坏习惯，这样更实际一些。只要孩子付出了努力，已经尽其所能，家长就不要提出过高的要求或者期待。

把自己的孩子当成"别人家的孩子"

另外一个杜绝攀比的办法是把自己的孩子也当成"别人家的孩子"，赏识孩子，鼓励孩子。

陈梅总觉得 10 岁的女儿只会看书，太过文静，便常在孩子面前有意无意地夸奖别人。不久前，她和女儿去做客，朋友不断抱怨自己的女儿调皮捣蛋，满是羡慕地夸陈梅将孩子教成了小淑女。

这时，陈梅才发现自己眼中的"缺点"竟是让别人羡慕的优点。于是，她试着将自己的孩子也看成"别人家的孩子"，发掘孩子的优点，有的放矢地鼓励，结果女儿真的更开心、更自信了。

孩子的成长总是"一把钥匙开一把锁"，在培养孩子的过程中，用心去打造出适合自家孩子的方法，那才是最健康的爱。

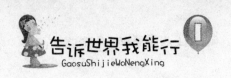

妈妈的唠叨是爱吗

经典案例 ★

我的妈妈太唠叨

林林一提起妈妈，就一肚子的不满："妈妈太唠叨了，一件事老是重复几次，什么事都不放心。"

每天，林林都会听到妈妈念叨："上课时要认真听讲、多发言、多喝水，中午要午休。""回到家就看电视，书上的题你都会了？""又玩了吧，得改掉边写边玩的坏毛病"……这似乎成了林林妈妈每天的必修课，从来都不会被省略。

一次，林林和同学出去玩，妈妈能交代好几遍，什么"不要跟别人说话"，"路上要小心"，"晚上一定早点儿回来"，等等。林林一边不停地点头说"知道了，知道了"，一边心想："烦都烦死了，好像我还是三岁小孩子似的。你天天都对我说这些话，你累不累呀？每天这么唠叨有什么意思？"

老妈"经典唠叨17条"

郑州五年级小学生写日记总结老妈"经典唠叨17条"：

一、你就不能好好学，给你娘争口气呀！

二、妈妈肯定不会害你的。

三、也就是我们管你，把你扔到大街上，谁管你呀！

四、你成天就知道玩，穷人家的孩子想学都没机会学，你庆幸你出生在这么好的家庭吧！

五、看看人家谁谁谁，学习那么努力，学习能不好吗?！人家报那么多班儿，也没见人家抱怨这抱怨那的。

六、现在社会竞争这么激烈，你不努力能行吗？你长大后没出息，你对得起谁呀？

七、现在我们大家可都是为你服务，你以为谁想管你呀，我们不想休息吗？

八、爸爸妈妈忙前忙后为了谁呀？你不好好努力，你都对不起你自己！

九、你就不能自觉主动地学习，让你妈省点儿心？

十、成天不知道学习，就知道玩！

十一、要想以后过上幸福的生活，就得从现在开始努力学习！

十二、我现在都后悔当初没有努力学习，我们以后的幸福生活就靠你了！

十三、你现在不好好学习，以后就等着后悔吧！

十四、你挺聪明的，咋就不知道学习呢？

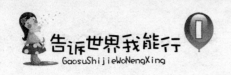

十五、妈妈寄予你很大的期望呀!

十六、爸爸妈妈可以满足你的都满足你了,不就是为了让你好好学习吗?

十七、你操心这操心那,咋就不操心你的学习呢?!

 心灵困惑 ★

孩子的困惑

一年级的张彩:爸爸说妈妈唠叨我,那是因为她爱我。哼,爸爸帮妈妈说好话,看来他俩是一伙的。妈妈那种唠叨怎么可能是爱呢?

四年级的杨茉:天天听这没完没了的唠叨谁能受得了?我很想让妈妈停止唠叨,哪怕让我得到一日的安宁也好啊!她为什么不歇歇呢?

六年级的崔莹:我们家女唐僧一回来,就反反复复地问个不停、说个不停,比《大话西游》里的真唐僧还厉害。可是她越唠叨我就越不想听,甚至想跟她反着干。难道妈妈不知道我讨厌被唠叨?

父母的困惑

林女士:我一句话说三四遍还不是为了让女儿记住,她还说我烦。我是爱她,又不是害她,她怎么能这么任性不受教?

王女士:她出门,我不放心,只能多说一些注意安全的话。但是,她怎么一点儿也不放在心上呢?左耳朵进,右耳多出,孩子怎么不理解我的苦心?

答疑解惑 / 唠叨是母爱最直接的表达方式 ★

唠叨是母亲的天性

"唠叨"，恐怕是每一个母亲的天性。只要在家，每时每刻妈妈都不厌其烦地唠叨个不停。

对于妈妈的唠叨，有的人显得很无奈，你说你的我做我的，根本不当一回事；有的进行反抗，和妈妈顶嘴争吵。

但是，如果妈妈天天对我们很冷漠，什么话都不说，那么，妈妈的心里还有我们吗？

唠叨是爱的表现

我们的妈妈为什么唠叨呢？因为，我们离开她的身边，她总觉得事事不放心，担心我们会出状况。于是她们就通过自己的唠叨来表现自己的担心。

而且，妈妈那些天天重复的话，其实，是为了提醒我们在学习和生活方面需要注意的细节，希望我们能渐渐知道它的重要性。妈妈知道这虽然是一些细小、琐碎的事，但对我们受用不尽。

所以说，唠叨是母爱最直接的表达方式。如果不爱我们，妈妈为什么这样不辞辛苦呢？或许妈妈的言语是多了些，但哪一个妈妈不希望自己的孩子平安健康，成龙成凤呢？

理解妈妈，做好自己的事

作为儿女，我们要尽量学着理解妈妈的唠叨，当妈妈唠叨我们的时候，不妨想想哪里还有不足。相信当我们做好了，妈妈自然也会放

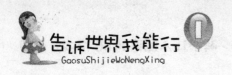

心，唠叨慢慢也会少了。

 写给家长的话／变唠叨为指导 ★

大人唠叨，"杀伤"孩子

一项调查显示，父母的唠叨已经同粗暴、不尊重隐私一同被列为孩子最讨厌的行为。

而且，唠叨对小学生具有极大的"杀伤力"。父母不停地唠叨会使孩子产生一种依赖性。完全按父母说的做，孩子就会慢慢变得没主见。一些孩子从父母那里得不到尊重，就会造成自我认识不足和麻痹心理，对什么事情都不以为然，越说越不听。如果一旦被逼急了，孩子就会更加叛逆，表现出"我偏要这样"的反抗心理。

所以，唠叨型的父母，要适当放松，增强内心接纳和包容的能力，在教育孩子的时候要就事论事，不要把一件小事扩大化，扩展到其他的事情上。

变唠叨为建议和指导

如果家长发现一件事已经重复讲了两三遍，要在脑子里叫"停"，然后想想，是否还有其他更好的方法来制止自己的这种唠叨呢？

不妨变"唠叨"为"指导"。也就是说，用亲切、简单的话语来鼓励孩子独立自理，让孩子在心情愉快的情况下做好该做的事情。

在和孩子交流的时候，家长要学会多用"我……"的表达，而不是指责孩子"你总是……"比如说"看到你这么做，我觉得……我的想法是……"这样的表达，有助于增强孩子的自我责任感。

爸爸妈妈，
你们为何从来不表扬我

经典案例

为什么爸妈从来不表扬我

12岁的叶蓁在日记里写道：

从我有记忆的那一刻开始，爸爸妈妈就从来没有夸过我。

小时候，夸我的人很多，听到别人的赞美，我总是心花怒放。可是，爸爸妈妈却说："你别夸她，她是个不成器的孩子。什么都不会，笨得和猪一样……"这样的话总是在我耳边萦绕，小小的我不明白父母为何如此鄙视我。

其实，我不是那种被表扬几回就骄傲的人，我希望爸妈表扬我，是想知道自己所有的努力没有白费。但为什么爸妈不夸我，还要把我形容得什么都不是呢？

现在的我，感觉不到自己存在的价值，只感觉自己一无是处……

039

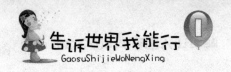

小冰的双胞胎哥哥小寒，从小到大，表现得比较乖，深受妈妈的喜欢，得到的表扬和奖励总是很多。小冰也非常渴望得到妈妈的表扬。

一次，小冰和哥哥比赛背诵课文，5 分钟内，小冰记的速度比哥哥快，却没能得到妈妈的表扬，小冰非常失望。

上周，小冰考试终于得了 90 分，妈妈奖励他 10 元钱。小冰说："我甘愿不要这 10 元钱，而要妈妈的表扬。"谁知，妈妈没有放在心上，只随口说了一句："你这次考得好，下次不要被超过了。"小冰伤心极了，他想不通，明明是双胞胎，为什么自己总得不到妈妈的肯定。

心灵困惑

孩子的困惑

五年级的艾薇：虽然成绩不理想，我已经很努力学习了。我最伤心的是，爸爸妈妈很少表扬我。其实，我们学习真的需要他们的鼓励才有动力。爸爸妈妈怎么不明白呢？

三年级的张紫：爸爸妈妈从不表扬我，而我的双胞胎妹妹只要稍有进步他们就会表扬。我已经很尽力地在做一个好孩子了，难道我的进步他们从来就没有看到过吗？难道爸爸、妈妈真的不喜欢我吗？

父母的困惑

赵女士：我把自己的所有都给了孩子，我给孩子吃、喝、穿，给他买玩具和山地车，请他吃麦当劳、肯德基，这不是很好吗？可孩子为什么还恨我？

阳先生：男孩子就是要经历磨炼打击。所以，我从来不夸孩子。但是我越是打击他，他却变得叛逆起来，越发不像话了。这是怎么了？

田先生：我孩子一听到被人夸就会骄傲。我就怕他傲起来没法管，就总给他泼冷水。次数多了，他就给我冷脸。看到我，连理都不理，为什么？

 ## 答疑解惑 / 告诉爸爸妈妈：我需要表扬 ★

不是不爱，而是"恨铁不成钢"

爸爸妈妈们都有一种"恨铁不成钢"的心理。他们期望我们做得更好。但是，一旦我们做不到他们的期待，爸爸妈妈就会用批评、指责之类的话来"刺激"我们争气或者懂事。

所以说，爸爸妈妈不是不爱我们，他们这样做的出发点是爱，是好的。但是，他们用的方法是不对的。并且他们并没有认识到这是错误的。

告诉大人：我需要表扬

有时候，我们听不到表扬，也许是爸爸妈妈怕表扬了我们，会让我们变得骄傲。有时候，我们的爸妈本身不善言辞，很少说表扬的话。

如果是这样，我们不要认为父母不重视自己，不喜欢自己，而是要和爸爸妈妈聊一聊，告诉他们我们对母爱和父爱的需要和对表扬的需要。

比如，我们可以把自己在学校的表现，用聊天的方式和父母沟通。

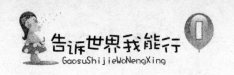

通过和爸爸妈妈谈心的方式，让他们了解我们的情感需求，尤其是对赞美和表扬的需要。

自己给自己鼓掌

当我们慢慢长大，我们也要学着自我评价。给自己留一点儿空间，认真静下心来想一想自己的学习和生活，估量一下自己的成败得失。这样我们能靠自我激励发扬优点，弥补不足。

 写给家长的话 / 赏识孩子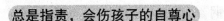

总是指责，会伤孩子的自尊心

心理咨询师王建蓉说："孩子们在乎的其实是他们的自尊心。家长言语的伤害，比体罚孩子更严重，这其实是伤害了一个内心积极向上的孩子的自尊心。"所以，以"恨铁不成钢"为名对孩子指责和批评是不对的。

现在有的孩子为什么厌学？因为他们在学习或生活中得到的总是批评、指责、训斥。他们看不到收获，他们感到的只是挫折和疲倦。因此，要想让孩子学习好，家长更应该适时地告诉孩子："你有最好的一面。"

正确赏识孩子

赏识孩子不是滥用表扬，而是有原则和方法的。

第一，不要把表扬单纯当成计策，应付型地赞美孩子，而是要真诚地表扬孩子的进步。而且，表扬的时候还要具体指出孩子什么地方做得好，哪些方面取得了进步，表扬得越具体，孩子就越清楚什么是好的行为。

第二，结果不如努力重要。比如孩子取得了好成绩，家长要多表扬孩子的勤奋刻苦，这会让他们继续努力。即便孩子失败了，他也努力了，家长也应该给予表扬。

第三，不要吝啬于公开表扬孩子的好。在人前贬低自己的孩子，这是最损伤孩子自尊心的做法。如果家长能诚心诚意地把孩子性格中的闪光点，或者好的行为习惯适时表扬，即使很微小，也能起到鼓励孩子的效果。

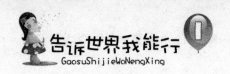

10

我不喜欢弟弟，
是不是不正常

经典案例 ★

我讨厌弟弟

12岁的陈钟在日记里写道：

弟弟今年5岁，长得挺可爱的，每个人看见他的第一句话就是："哇，好可爱的小家伙啊！"然后就对我说："你有这么一个弟弟真有福气，你肯定很喜欢他吧？"恰恰相反，我倒很讨厌这个小家伙。

一次，弟弟把我的工艺品搞坏了，我急得都哭了。但是，妈妈却说："就这事啊，有必要这么大惊小怪的吗？"我跟妈妈说工艺品是表哥送的，很贵重，我一直都很爱护。但是，妈妈却不耐烦地扔了一句话给我，说："弟弟比你小，你就不能让着他一点儿吗？"

这样的事情发生了很多次，弟弟明明不对，但是，妈妈却总站在弟弟那一边。我一和弟弟起争执，她就骂我不是好孩子，欺负弟弟。可是，明明不是我的错。

妈妈是不是只爱弟弟，不要我了呢？我讨厌弟弟就是坏孩子吗？

女儿反对再要小宝宝

杨爸爸最近很烦恼。再婚后，妻子怀了孕，是个男孩，这本是好事。可是10岁小女儿一听说这个消息，就喊着不要小宝宝。甚至，还说要是小宝宝生出来，她就没有家了，还不如离家出走。

杨爸爸一再跟女儿保证，有了小宝宝也是爱女儿的，但怎么都说不通。女儿怎么那么反感将要到来的弟弟呢？

 ## 心灵困惑 ★

孩子的困惑

一年级的王蓉：不知为什么，我特别不喜欢妹妹。有一次，我对妹妹说："现在都只生一个孩子了，你还是回到妈妈肚子里去吧。"听完，她哭得特别伤心，其实我心里也有一点儿难受。

五年级的高杉：我妈还没有和我继父结婚之前，我一直都是家里最受欢迎的小孩，我外婆也最宠爱我。现在多出来一个弟弟，还要把我家人对我的宠爱分给他一半，凭什么？

父母的困惑

章女士：大女儿打了小儿子，我平静地告诉她不能打人，她却大吼："我就打了怎么样？坏妈妈，我不喜欢弟弟。"孩子的脾气怎么变得那么坏？她从前可不是这样的。

刘女士：小儿子喜欢黏着大儿子。可是，老大却很讨厌他这样，每

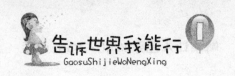

次都把弟弟赶跑，我怎么劝都没用。别人家的孩子都相亲相爱的，我们家这俩怎么这么闹心呢？

唐女士：女儿圆圆天天说我们喜欢妹妹。有了小妹，我们可能不自觉地处处向着小的。但我从来没有意识到这有可能成了孩子的心病。

 ## 答疑解惑 / 我们为什么不喜欢弟弟妹妹

不喜欢弟弟妹妹，是怕父母不爱我们了

当我们有了弟弟或妹妹以后，心里一般都会难过，因为之前一直是自己一个人独享爸妈的爱，现在要跟弟弟妹妹分享了。

更令人难受的是，所有人，爸爸妈妈、爷爷奶奶、外公外婆都只关心宝宝，自己变得次要了。作为大孩子，我们当然会感到空虚和冷清，甚至会想："妈妈为什么一定要生弟弟（妹妹）呢？他们太让人伤心了。"

这种不喜欢弟弟妹妹的嫉妒心理是很正常的，源于我们对父爱和母爱的渴望。曾经有一个小学三年级的孩子，每次当弟弟睡着后都要躺到妈妈的怀里，说："妈妈，我也想当宝宝。"

其实，爸爸妈妈并不是不爱我们，只是家里有两个孩子，他们没有办法全部照顾到。我们也渐渐长大了，爸爸妈妈觉得我们可以照顾自己，因而对我们的关心可能会少一些。

弟弟妹妹是无辜的，不应伤害他们

如果因为不喜欢弟弟或妹妹，我们就骂弟弟妹妹，偷偷掐弟弟或故意咬宝宝的手指头，那就太过分了。

弟弟妹妹还那么小，就像我们小时候一样，自然什么都需要爸爸妈妈的照顾。他们什么都不懂，却要承受我们的怒气和伤害，对他们来说，不也是不公平的吗？如果我们是弟弟妹妹，是不是也会很难过？

我们比弟弟妹妹大，如果对他们很好，等他们再大一点儿之后，他们就会喜欢和崇拜我们。曾经有一个5岁的小弟弟，他特别喜欢自己的哥哥，到哪里都说："我哥哥好棒，他会很多东西，我最喜欢他了。"听到这样的话，我们谁会不高兴呢？

告诉大人：我也渴望你们爱我

如果我们觉得自己受到冷落，不妨找一个时间，坦诚地跟爸爸妈妈谈一谈。

比如，我们可以告诉妈妈："我不喜欢弟弟，不是我小心眼，而是我害怕弟弟抢走了妈妈。"

或者，"虽然我是大孩子，我也渴望得到妈妈的爱。但你总把所有时间都用来关心弟弟，我很孤单。"

或者"虽然弟弟比我小2岁，但不能因为这样就不论什么都让着他，有些事情不对，爸爸妈妈要公正。"

爸爸妈妈知道了你是怎么想的，他们就会理解你，还会告诉你他们也很爱你。

 ## 写给家长的话／如何减弱大孩子的嫉妒心

理解大孩子的不安

不管以前还是现在，大孩子都会嫉妒弟弟或妹妹，尤其是新出生的宝宝。家长往往认为大孩子在弟弟妹妹出生之前已经得到了父母很

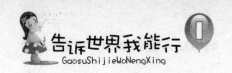

多的爱，现在该把爱分给弟弟或妹妹了。但心理学家认为，这时候大孩子会感到不安，因为他们觉得自己正在失去父母的爱。父母应该理解这一点，设身处地地为大孩子着想。

不可盲目批评大孩子的嫉妒

我们千万不要盲目地对大孩子的嫉妒行为进行批评。虽然身为父母，不能允许孩子欺负他们的弟弟或者妹妹。但，为了保护年纪较小的孩子的安全，没有必要伤害大孩子情感上的安全感，否则，事情只会越来越糟。

当一位妈妈发现七岁的儿子沃特在拽他弟弟的脚时，她发作了："你怎么啦？你想杀了他吗？你想杀了你自己的弟弟？你想让他变成一个瘸子吗？我告诉你多少次了？不要碰他，永远都不要碰他！"这样的辱骂只会加深沃特对宝宝的厌恶。

在减弱大孩子的妒忌心理时，认真坦诚地跟大孩子谈一谈比起惩罚或辱骂要有用得多。家长可以很坦率地和他们谈："很容易看得出来你不喜欢宝宝。你希望我和你在一起，是吗？下次当你觉得受冷落的时候，你可以告诉我，我们就可以一起赶走坏心情。"

从怀孕开始，建立大孩子和宝宝的联系

当妈妈再次怀孕之后，可以让大孩子摸摸隆起的肚子，然后让孩子想象宝宝长什么样，建立大孩子和宝宝的联系。这样大孩子就不会嫉妒宝宝了，还可能盼着宝宝出生。

多搂抱大孩子，多和他在一起，经常夸奖他，等等，给孩子充分的爱，可以消除他受冷落的感觉。

让大孩子觉得自己是家里的重要人物

让大孩子觉得自己是家里非常重要的人很关键。如果家里有了两个孩子，应该以大孩子优先为好。因为大孩子觉得他是"先来"的，应该接受家人全部的爱。那"后来"的孩子会分走家人对他的爱（甚至会认为不爱他了），所以他不高兴。为使他心理上感到舒畅，家人应该首先想到他，把他放在重要位置，这样，他很可能也会对"后来的"孩子好。

总之，当大孩子从家庭中获得足够的爱之后，他就能消除嫉妒，并且激发起爱护弟弟妹妹的勇气。

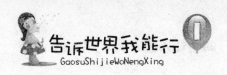

11

说好了考第一买礼物，为什么说话不算数

经典案例 ★

爸爸妈妈是骗子

珊珊最讨厌爸爸妈妈说话不算数了。

一次，珊珊爸爸承诺只要珊珊考了前五名，就带珊珊去动物园。可是，当珊珊真的考了第五名，爸爸却说没时间，推到了下周。到了下周，爸爸连这件事情都不记得了。

妈妈也总是出尔反尔。有一次，珊珊平时最拿手的英语没考好，就骗妈妈说成绩还没出来。后来，妈妈得知成绩已经公布了，就追问珊珊怎么回事，还许诺说，即使考得不好，也不责怪。

冲着这份承诺，珊珊把自己的分数告诉了她，没想到妈妈的脸色立即"晴转阴"，严厉地责备她。从此，珊珊再也不敢相信妈妈的话了。

珊珊说："每到这时候，我都会想起电影《麦兜的故事》，麦兜的妈妈让他吃药，说吃了药病就好了，病好了就带他去马尔代夫。结果麦兜吃了药。病好了以后，妈妈却再也不提去马尔代夫的事了。麦兜再问，妈妈就说，发了财再说吧。

我理解麦兜，觉得他和我一样可怜。以后爸爸妈妈再怎么向我许诺，我都不相信他们了，全是骗人的！"

心灵困惑

孩子的困惑

一年级的雷泽：爸爸妈妈，你们总教育我别说谎，可你们为什么总不兑现自己的承诺呢？

五年级的吴晶：我把好朋友乐乐的秘密告诉了妈妈。她承诺不说出去。可是第二天，她就把秘密说给了乐乐的妈妈。这下，乐乐再也不和我说话了。妈妈怎么可以这样出尔反尔？

六年级的秋月：半个月前，妈妈领了稿费，特别高兴，一回到家她就说："街上新开了一家饭店，什么时候我们一家人去那吃饭，我请客！"可是，一拖再拖，拖到现在，她都没兑现。妈妈怎么可以不守信用呢？

父母的困惑

宁女士：当时忙，只不过随口答应了，孩子怎么较起真儿了，非要履行呢？

舒先生：为了给孩子动力，虽然他的要求不合理，我们还是答应了。想着到时候用别的办法拖一拖。一次还没事儿，两次孩子就生气

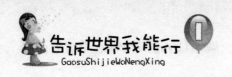

了，说我们说话不算数，我们做家长的也委屈，孩子怎么不理解呢？

 ## 答疑解惑／如何让爸爸妈妈"说到做到"

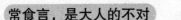

常食言，是大人的不对

我们和爸爸妈妈之间的关系是平等的，爸爸妈妈应该认真地履行对我们的承诺。所以，爸爸妈妈说话不算数，是他们的不对。

承诺，是大人的"缓兵之计"

爸爸妈妈明明不能做到或者不想做，为什么还要承诺呢？为了让我们听话，为了让我们有动力完成目标，爸爸妈妈许诺：如果怎么怎么样，就怎么怎么样。虽然这些许诺是超出他们承受的范围或者是不合理的。

可以说，这是爸爸妈妈的"缓兵之计"。他们可能觉得小孩子记不住事，很快就会忘掉这个承诺。没想到我们竟牢牢记住了他们的话，一直都在等着诺言兑现。

医治大人的"说话不算数"

爸爸妈妈的这种"通病"并不是"无药可治"的。我们可以通过下面的办法让爸爸妈妈"说到做到"，保证信用。

当父母说话不算数时，我们可以安排一次"亲情下午茶"，和他们坐下来好好聊一聊。不妨先给爸爸妈妈讲一个"曾子杀猪"的故事：

孔子有个学生叫曾子。有一次，曾子的妻子要出门，儿子哭闹着要跟着去，曾子的妻子就哄他说："你在家等我，回来给你杀猪炖肉吃。"孩子信以为真。

妻子回来后，见曾子正磨刀霍霍准备杀猪，赶忙阻拦，说："我说杀猪是哄孩子的。你怎么真的要杀？"

曾子认真地说："对小孩子怎么能欺骗呢？我们的一言一行对孩子都有影响，我们说话不算数，孩子便会觉得大人的话不可信，以后再对他进行教育就不会有效果了。"说完，曾子果真把猪杀了。

听完这个故事，爸爸妈妈就会意识到他们的"说话不算数"已经引起我们对他们的"信任危机"。这时候，我们就可以把你的苦恼和困惑和他们说一说了。

当然，如果我们能巧妙地让爸爸妈妈敞开心扉，说说他们为什么要许诺，也许我们就能发现自己怨恨的"故意的欺骗"仅仅是"善意的谎言"。

提出便于实现的要求

当我们要求很高的时候，爸爸妈妈满足不了，又不能伤我们的心，只能答应之后反悔。所以当下次提要求的时候，我们可以和爸爸妈妈商量一下，尽量提一个自己喜欢、父母又能轻易满足的要求。

说话算数，做大人的"小老师"

不要因为爸爸妈妈说话不算数，我们也学着不诚信。不妨当爸爸妈妈的"小老师"，答应他们的事情及时做到。这样爸爸妈妈也会受影响，努力"说到做到"。

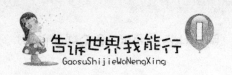

 写给家长的话 / 孩子虽小，但绝不可欺 ★

大人失信，后果严重

父母失信于孩子是一件危险的事情。如果孩子付出努力，却因为家长失信而达不成心愿，他们会失望甚至绝望。

更严重的是，作为孩子崇拜和依赖的对象，家长的每一句话对孩子来说都如同圣旨一般。一旦孩子发现父母对他们的承诺不过是一时的哄骗，他们就会大为疑惑和失望，心想："父母都可以说话不算数，这个世界上还能相信谁呢？"这种恐慌感会给孩子带来巨大的心理危机，从此，他们可能再也不相信父母了。

怎样才能做到"说话算数"

一个重点就是不轻易许诺，不随口答应。为了达到眼前的目的，一些父母就随便答应孩子的任何要求，这是不可取的。

当孩子提出要求时，家长应该认真地想一想："这种要求是不是合理？这个要求能不能答应？"只要是那些合理的、能兑现的，就可以认真地承诺，然后一步一步去兑现。

假如这个要求不合理、不能兑现，那一定要把握一个原则和底线，不要答应。

成人间的交往注重言而有信，对孩子也要一言九鼎，不能食言。因此，哪怕承诺的是一件很小的事情，家长也要认真去做。这样，孩子日后也就会养成信守诺言的美德。

为什么女孩一定要做淑女

经典案例

妈妈，不要再逼我当淑女了

11岁的苏悦是一个活泼好动、性格开朗的女孩。每当看到男生在操场奔跑追逐，苏悦都会涌出一种期望——我要是男孩子就好了，就可以和大家一块玩了。但是，苏妈妈却不愿意苏悦像个"疯丫头"，而是要她做个淑女。

苏悦放学回到家，肚子饿得咕咕直叫，看到桌上的饭菜，苏悦就狼吞虎咽地吃了起来。这时，妈妈严厉地说："你看，还哪像个淑女！注意你的形象！"

苏悦一听了，顿时没了胃口，扔下碗筷，回屋做作业去了。

做完作业，苏悦到客厅看电视，看到精彩之处，她不由自主地又蹦又跳。这时，妈妈大发雷霆："淑女不像你这样大喊大叫、乱蹦乱

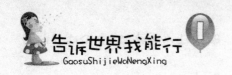

跳的，你要约束自己！"一时间，苏悦的欢快一扫而光，沮丧地关掉了电视机，默默回房。

苏悦说："我不适合当淑女，我只想做个自由、健康、阳光的孩子，难道不可以吗？"

当个"假小子"有什么不好？

韩丁是个"假小子"，很有人缘。男孩子把她当哥们儿，女孩子也喜欢她的爽朗、活泼大方。但是，韩丁的奶奶每次见她都要数落她："你怎么把头发剪得这么短？整天疯跑，像什么样子？"

韩丁也很无奈，"我不明白，女孩一定要做淑女吗？文静有什么好？我是'假小子'，但大家都喜欢我。"

 ## 心灵困惑 ★

孩子的困惑

四年级的云昙：我最喜欢李宇春，要是像她那样做个"假小子"也是酷的。不过妈妈可不喜欢这样，她要我做淑女，还威胁说，要是不这样，我将来就没人要。难道大家只喜欢淑女吗？

六年级的方瑜：我是体育队的小队长，常穿运动服，觉得这样很舒服。不过妈妈偏要我穿裙子。其实我最讨厌穿裙子了，一穿裙子，我在走路都会感觉不自然。妈妈怎么就不明白呢？

父母的困惑

尹女士：家里一儿一女，倒像是两个儿子，看着女儿大大咧咧的样子，我愁得不行。孩子这样一点儿也不像女孩子，长大了以后怎么办？

王先生：女孩要文雅一点儿，静静的，我家那个就是个小捣蛋，每天和一群男孩爬树摘果，下河捞鱼。她怎么不像其他人一样淑女呢？

 答疑解惑 / 做美好的女孩儿

不必刻意打扮成男孩

男孩羡慕女孩的文静、细心，女孩羡慕男孩的阳光、直爽，这是很正常的事情。所以，很多女孩子自然会希望自己有男孩的那些特点。

不过，我们的性格是在成长过程中形成的。有些人比较柔弱，有些人比较粗犷，这些都是自然而然的事情，没有什么谁好谁坏。

所以不必刻意把自己打扮成什么样子，最重要的是培养好的品质。比如，女孩子在温柔的基础上，可以学着活泼、开朗、坚强、勇敢、独立等。

妈妈为什么想让我们当淑女

很多人可能不明白妈妈为什么想让我们当淑女，淑女其实就是"美好的女子"，这是妈妈对我们的期待。谁都希望自己的女儿能够站有站相，坐有坐相，言谈举止都得体，这点我们是要理解的。而且，文雅一些，这样才会显得有气质和内涵，讨人喜欢。

殷桃和妈妈一起吃饭，偶遇一个年龄相仿的女孩。只见她腰里别着MP4，把摇滚乐放得震天响，边吃饭，边扭动着腰肢，伸手拿筷子在面前的菜盘里翻搅着，将食物弄得一片狼藉，偶尔爆出一阵刺耳的大笑，那嗓音尖利得似乎能戳穿天花板。

殷桃觉得对方真没规矩，妈妈看了她一眼，然后微笑着说："是

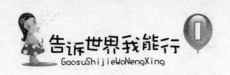
不是很不淑女?"殷桃这才明白自己有时候也很粗鲁,如同刚才那个女孩。后来,殷桃就调整了自己,开朗活泼不变,但多了沉静的气质。

所以说,做淑女没什么不好。而且,所谓淑女,并不是要我们必须笑不露齿,见人就羞羞答答,说话低声细语,永远都是温文柔顺的。真这样的话,这个世界绝对会少掉一半的笑声。

写给家长的话／除了礼仪,品德更重要

心理学家指出,所谓淑女就是指有教养的女性,而这里所说的教养应该不是用外在的表现来定义的,而应该用其内在来定义。也就是说,除了礼仪,它更多的是指培养孩子的品行不需要量化标准来衡量。

所以,如果孩子本身具有善良、谦虚这些传统美德,那不妨多培养她的自信、自尊及坚忍这些品格。这些内在的品德可以外化成为行动,让孩子表现出气质的优雅。

我干吗一定要勤快

 经典案例

懒惰的琳琳

每天早晨，9岁的杨琳琳都懒得起床，妈妈常说："瞧你懒得像小猪似的。"这下琳琳倒有了理由，妈妈再次叫她起床，她就会说："我就是小猪，再让我睡会儿吧。"

好不容易起床了，她连自己的被子都不整理。假如妈妈不催她，她就不刷牙、不洗脸，晚上不洗脚就睡觉。

平时，不帮妈妈整理房间不说，琳琳吃完饭把碗筷一推，换下来的衣服往洗衣机里一放，就什么都不管了。家务活再多，琳琳也不会主动去搭把手。有时候妈妈说她，琳琳还振振有词："我去学习了，这些事你帮我做吧。"

杨妈妈很发愁："琳琳这么懒，自己能做的事情就不做，这以后

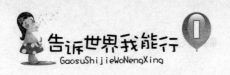

可怎么办？怎样才能让她变得勤快些呢？"

我懒，我有理由

11岁的何阳在日记里写道：

爸爸妈妈常常要我去洗碗、扫地什么的。我才不去呢！

我每天都要做一大堆作业，哪有时间做家务？要是因为做家务耽误了学习，那还是不要做得好。再说，我一写完作业，就让我扫地、拖地的话，我连玩的时间都没有了。

所以，我想了很多办法，比如，妈妈让我洗碗，我就告诉她："据我所知，洗碗是导致碗盘被摔烂的最主要原因。我不洗碗。"或者爸爸让我叠被子，我就说："早上叠好，晚上铺开，这是无用的劳动。"这下，他们就更生气了，说我懒还找借口。

真搞不懂，家里生活条件这么好，请个钟点工来打扫一下就好了，干吗还非要我做？"

 心灵困惑 ★

孩子的困惑

一年级的宗薇：妈妈为什么说我懒？我明明要帮她做，是她嫌我给她帮倒忙，把我赶回来的。这可不应该怪我。

二年级的段瑞：上学本来就很累，每天都要做一大堆作业，我才不做家务。反正妈妈看我不做最后她自己总会做的。每个同学家里都这样，怎么能凭这些说我懒呢？

五年级的苏素：擦桌子、洗碗，多没意思，又累又枯燥。我没兴趣，还不如去看会儿书呢。如果做这些小事耽误了学习，那不是得不偿失吗？

父母的困惑

王女士：我的儿子怎么变得这么懒了，在家什么事也不做。平常都是我做家务活，上周六我生病卧床，要他帮忙拖一下地板都不肯。我说我生病了，你帮忙做一点儿，他却说，等你病好了再拖地吧。

刘先生：我女儿懒得整理房间，现在连学习都变懒了。一有数学题不会做就问我，我说你自己动脑筋想想嘛，她就说她不会做，其实题并不难，就是怕动脑筋！

 ## 答疑解惑／勤快一点儿，独立很多

做家务不是小事，是独立的技能

东汉有个十多岁的少年陈蕃，独自住在一处，他的庭院以及屋舍十分杂乱。一天，他父亲的朋友薛勤来拜访，对他说："你为什么不整理打扫房间来迎接客人？"

陈蕃说："大丈夫处理事情，应当以扫除天下的坏事为己任。怎么能在意一间房子呢？"薛勤反问他："连一个屋子都整理不好，怎么能治理天下呢？"陈蕃听后很羞愧。

我们从小立志要做大事情，但是做大事情是从做小事情开始的。如果我们因为懒，觉得事情小，就不做，那么我们就可能做不好大事情。

而且，我们慢慢长大，很有可能到寄宿制的学校上学，以后可能到外地上大学。那个时候，可没有谁会叫我们起床，帮我们整理床铺、

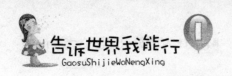

洗脏衣服。这一切都要靠我们自己。要是我们连照顾自己的能力都没有，那我们长大之后怎么生活呢？

所以说，花点儿时间做点儿家务活是很有必要的，我们可以学到日常的生活技能，变得更加独立。叠被子、洗碗、打扫可不是浪费时间，聪明的我们可以从中学到很多宝贵的技能，比如做家务的顺序，怎么把窗户擦干净，怎么把书分类放，什么样的衣服要单独洗，等等。

勤快一点儿，家更温馨

家是我们最主要的生活环境，为什么不把它收拾整理得干干净净呢？如果和爸爸妈妈一起做家务，大家一边收拾一边聊天，那岂不是很温馨美好吗？

现在，我们可以学着扫地，拖地，洗一洗自己那些轻便和小件的衣袜，整理书架，还可以帮爸爸妈妈倒洗脚水，捶捶背。相信我们会在这些劳动中体会到爸爸妈妈的辛劳，懂得为他们分担压力，而爸爸妈妈也会因为我们的懂事和体贴而觉得特别欣慰。

 ## 写给家长的话／"懒惰"的父母成就勤快的孩子 ★

大人太勤快，孩子变懒惰

孩子小的时候，他们对任何事情都感到新奇，因此会很想尝试或者参与很多事情，比如拖地或者择菜。但是，父母常因为担心孩子做不好而加以制止。

生活中常有这些场景：孩子要自己穿衣服，妈妈说："快来，我帮你穿，妈妈上班快迟到了。"孩子想帮爸爸洗碗，爸爸说："你先自己去玩儿吧，这儿不用你帮忙，你越帮我越忙。"

这种行为显然让孩子们失去了变勤快的机会，更伤害了他们的积极性。久而久之，孩子习惯了父母为他安排好一切，父母也心甘情愿地为孩子服务。可当孩子一天天长大，当有一天发现孩子不爱劳动、不爱帮忙时，才知道：这孩子怎么这么懒惰！可悲的是懒惰已成为习惯。

可以说，是家长的勤快让孩子戴上了懒惰的帽子。父母包办了一切，孩子失去了学习做家事的机会和锻炼自己的机会。

做"懒惰的妈妈"

俗话说，"懒惰娘育勤劳儿"，这句话不是没有一点儿道理。让孩子勤快起来的方法就是，学着懒惰一点儿，适当给孩子一些机会，让他们做些力所能及的事情，哪怕是越帮越忙，也乐在其中。

秦珊就是位"懒妈妈"。女儿把玩完的玩具扔得到处都是，秦珊就会故意夸张地说："乐乐，这可怎么办啊？你的玩具扔了妈妈一床，待会儿我可怎么睡觉呢？"乐乐看看横七竖八地躺在床上的玩具，觉得妈妈说的有道理，说："妈妈，咱俩一起收拾吧！"秦珊赶快纠正："乐乐，这是你摆的玩具，应该你收拾才对，明白吗？我知道你一定能把玩具收拾放好。"

父母"懒"一点儿，常常"请求"孩子去做事情，就会给孩子这样的感觉：他们的帮忙是真正的帮助，而不是走形式。这样，孩子做完之后就会有一种自信——我在这个家里是重要的，家里没有我不行！这样会让孩子更有积极性。

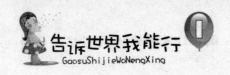

改变对家务和对孩子的旧观念

关于家务，要向孩子传达这样的观念，这是美化生活的努力，是热爱生活的表现。对于孩子，不要说他懒惰，而要当孩子勤快干家务时，告诉他，"你是一个勤快的人"，同时鼓励他做好自己的事情。

"懒"孩子的改变不是一朝一夕就能完成的，家长必须要有足够的耐心，要多地夸奖和鼓励孩子。

一到人多的场合，我说话就卡壳

经典案例

★

人太多，我不敢说话

7岁的陈旭，在家总有说不完的话，也很顽皮。但一见到生人，陈旭就不说话了。

春节假期时，陈妈妈带着陈旭参加老同学聚会。其他同学的孩子见到大人都主动问候，而陈旭却一声不吭。在陈妈妈的催促下，陈旭才轻轻地说了一句："阿姨好！"开饭之前，其他孩子很快就一起玩游戏，陈旭却总站在妈妈身边，不说话，也不和孩子们玩。

回家以后，妈妈问陈旭怎么回事，知不知道这样做很不礼貌。陈旭无奈地说："我也不知道自己怎么了？人一多，我就不敢说话。而且，他们全是陌生人，我也不知道说什么。"

陈妈妈也很疑惑，"你天天在家不是话很多吗？为什么不知道如

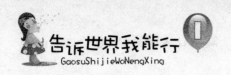
何开口呢?"

 ## 心灵困惑

孩子的困惑

一年级的陈航:家里来了陌生人,我就躲在屋子里。因为我不想说话。为什么妈妈偏要让我一个个去问好呢?

二年级的尹夏:每次家里来客人,爸爸都要我背英文诗。可是一见到那么多人,我就紧张,脑子里一片空白,这可怎么办呢?

六年级的张毅:上周班里组织演讲,私底下我准备得很充分,还给爸爸妈妈预演了一遍。可一上台,看着台下那么多双眼睛,我就卡壳了。磕磕巴巴才讲完。这是怎么回事?

父母的困惑

辛先生:儿子从小到大都内向,很少说话。尤其是人多的时候,他更是一句话也不说,就黏着我。孩子慢慢长大了,如果不能与人交往相处,那可是大问题啊?

文女士:我常说女儿小凡调皮捣蛋,是小魔王。可见过女儿的人都说小凡乖巧文静,那是因为小凡一见陌生人就什么话也不说。这是不是社交恐惧症啊?

答疑解惑 / 当众说话不可怕

过于羞怯影响人际交往

我们不敢在大庭广众发言、朗读，当着众人的面讲话就脸红心跳，遇到陌生人就局促不安，手足无措，那是因为我们比较羞怯。

有点儿害羞胆怯的心理是正常的。不过要是羞怯过了头，就会影响我们与别人的正常交往了。如果因为胆怯而不敢向别人表达自己的好意，那会造成很多遗憾的。

问问自己到底怕什么

我们可以自问："我到底是在怕什么？"是怕自己说错话，还是怕大家笑我？

接下来，再问："如果我做了胆怯的事会有什么损失吗？"如果没有任何损失，那我们为什么要害怕呢？如果有损失，那么尽量避免。当我们感到自己很紧张，可以暗示自己"不要怕，只要说了第一句，我就能讲下去"，等等。

讲出心中的害怕

如果因为胆怯说不出话来，我们可以学着把胆怯的心情表达出来。

保险推销员小李有一天去见一位大客户，他很紧张害怕，说话也卡壳。后来，小李就把自己的感受如实地说出来了，"一见您，我就害怕得无法畅所欲言……"说完这句话，他的恐惧感就消失了。

如果我们胆怯，也可以说出来，比如："有这么多陌生人，我很紧张，心扑通扑通跳个不停，连舌头好像也不听我使唤了……"慢慢地，

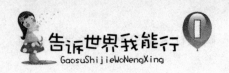
我们就能把话说顺了。

多练习，不要怕出丑

最关键的一点是，我们要有自信，不要怕出丑。不妨倔强一点儿，越怕出丑就越要鼓励自己多说多练。

我们可以先在亲人和小伙伴中间多发言，然后再到熟人多、生人少的范围内锻炼，再发展到生人多、熟人少的场合，循序渐进去锻炼说话。

 写给家长的话 / 如何让孩子敢于表达自己 ★

树立孩子的自信心

为什么孩子在不熟悉的人面前常常不敢表达自己？这是因为孩子的不自信，孩子担心自己的表达不能得到别人的认同，从而不敢表达。要想让孩子能自如地表达所思所想，首先要树立孩子的自信心。

经常受打击而很少得到鼓励的孩子会产生错觉："我是一个能力不足的人。"因此，当孩子不敢说话时，家长应该用鼓励来代替责备。"没关系，下次会做得更好。""今天表现很好，主动跟大人打招呼，跟小朋友们也玩得很开心，我相信你以后会做得更好。"家长应该信任孩子，对孩子的心理需求给予热切的回应和正确的指导。

多带孩子参加社交活动

缺少社会交往也会让原本活泼开朗的孩子见到陌生人后变得内敛沉默。父母带孩子参加活动之前，要跟孩子介绍今天会见哪些人，怎么称呼，有哪些小朋友，他们叫什么名字，有多大，等等，让孩子有心理准备，在见面时有种自然的熟悉感。在到达目的地之后，家长要给孩子足够的时间去熟悉环境，让孩子更有安全感。

给孩子准备一个麦克风

美国父母的一个方法值得借鉴——给孩子准备一个麦克风的玩具或者拿家里真正的麦克风。让孩子从小就熟悉放大自己说话的声音，这样可以锻炼孩子的胆量和表述能力。在大家面前把孩子的声音放出来，比如唱歌，朗诵，等等，这都是对他的鼓励。

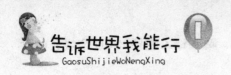

15

喜欢和男生一起玩，有什么不对

 经典案例　　　　　　　　　　　　　★

我喜欢和男生一起玩

小迪写信向报社的知心姐姐倾诉烦恼，信中写道：

最近我好烦。爸爸妈妈有点儿大惊小怪，说我一个小女生，怎么老爱往男生堆里扎，每天和男孩跑来跑去成什么样子……

我11岁了，挺活泼的，特别爱热闹。我的好朋友特别多，大部分是男生。我觉得，男生比女生更会玩，跟他们在一起玩，更痛快。别的女生什么都不敢玩，特别没意思。

平时，妈妈一直唠叨，让我多看书，别浪费时间。其实我知道妈妈一直盯着我——是不是爱打扮啦，和男生玩了几次啦，有没有喜欢哪个男生啊……好像我做了什么见不得人的事情似的。

哎，真烦！我和男生一起玩，这也有错吗？我该怎样和父母解释，他们才能改变态度，让我有点儿自由呢？

 ## 心灵困惑 ★

孩子的困惑

三年级的韩蕊：其他的女孩子都好小气，借个东西都推来推去的。我还是喜欢男孩子，特别爽快。真搞不懂妈妈为什么不喜欢我和男孩子玩。

五年级的艾安安：我以前有个很要好的女朋友，不过，她特别娇气，动不动就生气，我还不知道她们为什么生气不理人，累！还是和男孩子玩好，跟他们说话没有那么多顾忌，直率多了。可老师总是让我离男孩子远点儿，为什么？

六年级的徐燕尘：我和同桌方涛特别好，回家老说他聪明善良，结果妈妈就怀疑我早恋。真是太夸张了，大人怎么想得那么多？

父母的困惑

黄先生：女儿12岁了，朋友中大多是男生，而且都是好朋友，我真担心她早恋啊。不让她和朋友们玩，又不行，要不要问问她呢？

穆女士：女儿7岁了，可是一直喜欢穿比较帅的男孩的衣服、鞋子，还喜欢和男孩一起玩。我可不想让她变成假小子，怎么办？

 ## 答疑解惑／和男孩交朋友注意"度" ★

女孩子喜欢和异性交朋友，是很正常的心理

作为女孩子，我们已经不再像以前那样被要求"笑不露齿"或是

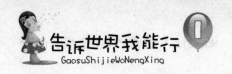
只能文静、柔弱了。我们和男孩子一样渴望更多地探索这个世界、了解这个世界。

而且，在探索的过程中，我们会发现男孩子身上的很多优点，比如勇于冒险、敢于尝试，兴趣广泛、知识丰富，又比较开朗大度。

更重要的是，和男孩子在一起，我们就能避免很多女孩子之间的小冲突、小矛盾，没有那么多斤斤计较、"小心眼儿"的麻烦。

所以，很多性格比较外向、活泼开朗的女孩子常常喜欢和男孩子一起玩。可以说，我们喜欢和异性交朋友是很正常的心理，没有什么不对。

父母为什么担心

进入青春期之后，男女生的性别特点会逐渐显露出来，因为不了解我们就会对男生产生好奇，甚至想赢得男生的好感。

于是，有些本来并不怎么和男生一起玩的女孩子，在到了青春期以后，却"一反常态"地喜欢在男孩子面前表现自己。比如，当有男孩子在场时，会特别注意自己的发型、衣着，会有意大声说话或是说些自认为很深奥、很吸引人的话题。这让我们的父母很担心，他们害怕我们早恋。

交往中要注意"度"

其实，我们的好朋友是男生多还是女生多，并不是问题的关键。关键是，交往中要注意适度。我们只要保持适当的距离，完全可以自如地交友、玩耍，而且，在这当中，男生女生可以学习异性在性格上的优点，比如，我们可以从男生那里学会豁达、直爽等。

需要注意的是，我们要避免单独接触。因为单独接触容易出现我们控制不了的局面，如果没有特殊情况，还是大家一起玩要比较好。

 ## 写给家长的话 / 如何看待孩子的异性朋友

和异性做朋友对孩子的成长有益

随着生活环境的变化，少男少女的情感困惑也越来越低龄化了。女孩子 10 岁左右就会进入青春期，喜欢和男孩子玩，这只是孩子对异性的一种好奇。

其实，女儿如果和异性是好朋友，这有助于孩子变得乐观、勇敢、豁达，这对于以后的交友、婚恋甚至是工作中的同事关系处理都会有好处的。那些现在与异性隔绝的孩子，在以后的成长路上，多多少少会遇到一些麻烦。

引导女孩和异性朋友相处

家长只要注意女孩子的性格和行为不要过分向男孩子方向发展，并告诉女儿不能太过火就好。比如，告诉她可以和男孩子踢球或者打乒乓球，但不能和他们去河里游泳或者打游戏等。

家长还可以多给女儿买些裙子和一些好看的衣服，尽量不要使她打扮得过于中性。如果实在不放心，还可以邀请孩子的朋友到家里做客，认识和尊重她的朋友。这样孩子也会尊重我们的看法，女儿的朋友也会更好地保护她。

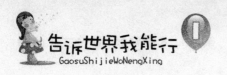

16

成绩好，为啥还受排挤

经典案例 ⋯⋯⋯⋯⋯⋯⋯⋯⋯⋯⋯⋯⋯⋯⋯⋯⋯⋯⋯⋯⋯ ★

成绩好，照样没人喜欢

曹喜尔学习成绩很好，但是却没有同学喜欢她，总是受到大家的排挤。

曹喜尔今天放学回家愁眉苦脸的，连看见妈妈特意给她准备的红豆香饼也提不起精神。曹妈妈问了半天，喜尔才说班里没有同学愿意和她一起玩。今天做游戏分组，老师特意把她编到男生组里。可是，男同学也不喜欢她，喜尔的心里就更难受了。

曹妈妈几次都要喜尔管理好自己的情绪，不要轻易发脾气。喜尔不明白，明明同学们是故意的，看不起自己，自己为什么要改。

大家都不理我

10 岁的莎莎今天回家哭了。原来，自从莎莎考了第一名，班里的三个同学，号称"铁三角"，就合伙不理她。而且，他们还让别的同学也不和莎莎玩。

莎莎觉得自己在班里很孤独，不明白大家为什么不理她。

 ## 心灵困惑

孩子的困惑

三年级的舒遥：我是班长，学习也不错，但是我却很自卑。班里同学因为我爸爸是局长就不理我。他们说我的成绩都不是真的，是老师为了巴结我爸爸才打那么高分。为什么大家会这么想？

四年级的蔷薇：自从我成了校园里的小主持人，就发现同学们离我都远了。他们说我骄傲，总觉得自己了不起。难道真的是这样吗？

六年级的顾珍珠：我不太爱说话，而且也不爱答理人，可能别人觉得我傲气，但我以前也是这样，那时人缘也不错。现在我简直度日如年，一点儿办法都没有。怎么做别人才能不讨厌我呢？

父母的困惑

穆先生：孩子学习成绩优秀，可是人际关系却总处不好。每次老师见我，都要说上半个小时。而孩子自己也因为这常常不开心。到底是哪里出问题了？

潘女士：孩子常嚷着要换学校，说自己没有朋友。我劝他不要总戏弄同学，但孩子说就是因为同学不理他才那样做的。掉进了这个大怪圈，该怎么出去啊？

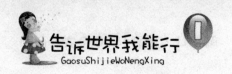

 ## 答疑解惑 / 我们为什么不受欢迎 ★

学习好≠受欢迎

学习好就一定受欢迎吗？不一定。学习好，只能说明我们的学习能力比较强。

但是，受欢迎是由一种"理解他人和处理关系的能力"决定的。如果我们学习很好，但是经常看不起同学，瞧不上老师，那也很少有人能喜欢这样的我们。

学习好不是受欢迎的决定因素。一般来说，在学校里，学习好还不受欢迎的人常常有以下几种类型：一是内心自卑，总认为别人看不起自己，因此回避与别人交往；二是性格偏颇，比如太骄傲、太自私、太内向、脾气暴躁或打人；三是生活习惯不好，不讲卫生；四是不会与人交往，说话特别直接或语气不善，易得罪人。

什么样的人受欢迎

我们经常会看到一些同学有很多朋友，这可能是因为他有以下几种品质：值得信赖、待人忠厚、爱帮助人、诚恳坦率、有幽默感、个性独立、健谈、聪明，等。如果我们也具备这样的优点，或者用心朝这个方向改变，那我们就能不受排挤和冷落了。

了解自己和大家交往时的不足

我们需要正确地评价自己，比如我们觉得自己不骄傲，但别人可能并不这么认为。因此，当我们觉得自己没有错误的时候，不妨写字条问问同学们。看看在他们眼里我们是个什么样的人，是哪里做得不好引得大家讨厌。

当然，我们肯定也会因为某个原因而不喜欢某个人。那么，是不是我们身上也或多或少有一些这样的问题呢？综合大家的看法和自己的反思，了解自己的不足，然后进行改正。

控制好自己的情绪

要与人和谐相处，我们要学习适宜地表达情绪。

如果有人在愤怒时乱发脾气，还无故痛骂我们，我们会喜欢他吗？肯定不会，我们还会说："我哪里有得罪他呢？他朝我发脾气，真是讨厌。"

同样的，当我们要发脾气之前，不妨先让自己静一静，喝一杯水；或者离开一下，这样怒气也减少了。时间久了，大家必定会重新接纳我们。

平时，我们与同学们相处要多微笑，微笑能化解误会，与人拉近距离。

保持谦逊，言语和善

成绩好最容易骄傲，容易看不起别人。其实不管怎么好，我们和同学都是一样的，并没有什么高高在上的特殊化。这一点要认清。

在日常与人交往时，要锻炼说话的技巧。不能伶牙俐齿，讽刺别人，有些话不能说得那么直白，要委婉地说。就算批评也要找机会、找场合，和风细雨式的。

态度谦逊，言语和善，我们就能吸引别人，赢得好人缘。

 写给家长的话 / 让孩子学会如何与人交往

一个孩子的成长绝不应仅有优秀的成绩，更重要的是性格的完善。

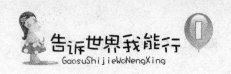
而孩子的性格其实就是在与人交往的点滴中逐渐塑造的。

如果孩子和同学的关系比较紧张，我们一定要重视，这影响到孩子以后的同事关系、夫妻关系等人际交往。

引导孩子关心别人

家长在谈及自己与朋友之间的故事时，有意提炼"人人为我，我为人人"的细节，让孩子在父母的言传身教中领悟交友的真谛。

教孩子学会倾听他人

倾听能力的好坏不仅影响着孩子获取知识的能力，还决定别人是否喜欢和他相处。因为倾听就是尊重别人，就是真诚处世。学会倾听，那就学会理解和沟通。

父母应该让孩子懂得，在听别人讲话时，应该自然地坐着或站着，眼睛看着说话的人，并且不随便插嘴，安静地听他人把话说完。

让孩子学会赞美别人

在班里不受同学喜欢的杜洋，回家总和妈妈说自己讨厌谁和谁。一次，杜妈妈就忍不住问："你能说说班上哪个同学是你比较喜欢的吗？你欣赏他什么特质？"杜洋想了很久，也没有想出班里他到底喜欢谁。

试想，一个总讨厌别人的人，怎么能得到别人的喜欢呢？心理学中有个"互悦效应"，大概意思是：如果你想别人喜欢你，首先你要先学会喜欢别人。家长应该培养孩子积极分析问题，这样他与人相处时才会看到同学身上的闪光点，并且用言语把这种闪光点表达出来，这对别人也是一种莫大的鼓励。此外，幽默是一种既能给别人带来快乐，也能让自己轻松起来的优秀品质。家长平时可多引导孩子阅读幽默故事书籍，培养孩子理解幽默以及幽默处世的能力。

最好的朋友背叛了我，怎么办

经典案例

"好朋友"欺骗了我

宛芙是小学五年级的学生。她有一个好朋友小燕，从一年级开始两人就形影不离。宛芙觉得有一个好朋友真令人快乐。

但是，有一天，这一切都变了。那天，小燕对宛芙说："我们是好朋友，让我们互相交换日记本来看吧。"宛芙同意了。放学时两人互相交换了日记本。可是，当宛芙回到家一看，小燕的日记本居然是空白的！第二天，宛芙问她，小燕却笑嘻嘻地说："我从来就不写日记的，我说的是交换'日记本'呀！"

小燕的狡辩让宛芙难过，可更难过的是，小燕竟然把日记中的内容跟班里其他同学说。因为宛芙有时候会在日记中写到对一些同学的看法，结果，大家都不理宛芙了，开始说她的坏话。

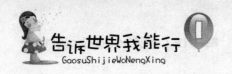
受伤的宛芙说："我不再相信小燕这个'好朋友'了。我不想和她玩，可是她像什么都没发生过一样照样找我玩。这更让我不能接受了。我应该怎么办呢?"

友谊，我到底还能不能相信你

10岁的肖静在日记里写道:

我是一个被友谊伤了的人，我有一个好朋友叫王欣，她是一个一点儿都不好的朋友，因为她交朋友一向都不用真心，我已经被她蒙骗了好多次。

今天老师安排我批卷，王欣看她的分数很少就说我批错了。其实我已经在偏袒王欣了，在批卷的时候，有一些全错了的，我只减了一半的分;有一些小错误，我还没减分。可王欣她还是生气，一点儿也看不见我的好心。

上科学课的时候，王欣使劲儿地倚我的桌子，下课时她对我打招呼却走到陈雪那里，我都尴尬得僵住了。

天啊!友谊，我还能不能相信你!你给我带来的到底是什么，是悲伤还是欺骗?我越来越觉得可怕了。

 ## 心灵困惑 ★

孩子的困惑

一年级的舒梅思:我把小蝶当好朋友，什么都和她说。她怎么把我说的话，转头就告诉老师呢?好朋友难道不应该保守秘密吗?

二年级的巫灵月:小紫明明知道我最讨厌陈雨了，却背着我和陈雨有说有笑的，还说我的坏话。难道只有我当小紫是朋友，而她不这么认为吗？

五年级的段兰烟：宋祺不是第一次骗我了。他不想带我去玩，可以直说，干吗对我撒谎啊？

父母的困惑

王女士：10岁的小曼以前和楼下的北北是好朋友，上次不知道为什么吵了架，然后两个人就再也不来往了。追问原因，小曼恨恨地说："北北才不跟我一伙呢。我再也不相信朋友了。"孩子这么小，就受了友情的伤，将来怎么办？

 答疑解惑／如何面对朋友的背叛

友谊，并不如我们想象得那么纯粹

我们总觉得自己掏心掏肺地对一个朋友，有什么好吃的、好玩的，都一块分享，那么朋友一定也会对我们一样好。可以说，这是一种很单纯的想法。

事实上，朋友之间的相处并不是那么纯粹，总有一些灰暗部分，比如争吵、冲突。而且，也并不是说，你付出了百分之百，就能收获那么多。所以，想获得一份高质量的友情，我们需要用"心＋技巧"去经营。

不必惩罚朋友的每个错误

小时候我们和朋友之间的感情很好，天真无邪，非常单纯，但随着年龄的增长，思想意识也发生变化了。人是必然要改变的，年龄越

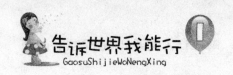

大，接触的事物越多，内心就变得越复杂，冲突的可能性也就越大。

如果我们发现好朋友欺骗了我们，那我们首先要分辨这是什么样的"骗"。善意的欺骗，来自于朋友的好心，没有必要生气，那也许只是对你的一种保护，让好友骗好了。

若是让你受到损害的，无论是财物上的还是心理上的，我们都要学着和对方坦诚以对。比如，我们可以用询问的口气，问："也许你有什么苦衷或理由，我想听一听你为什么这么做？"这样的话，既拆穿了对方，他也不会有反感情绪。

若对方根本就没有意识到自己的行为是欺骗和背叛，那我们更要坦率地跟对方说明我们希望能和讲信用的人交朋友，而不喜欢朋友出尔反尔，并告诫对方不讲信用的危害。如果对方承认错误并道歉，我们可以试着原谅他并重新接纳他。

记住，水至清则无鱼，人至纯则无友。黄金无足色，白璧有微瑕。求人不求备，重好去伤疤。

亲密也要有距离，隐私绝不能讲

大部分人可能会觉得多说一些悄悄话、隐私、秘密会让两个人更亲密。但是，讲话是要看对象的。

若是对方的人品和性格是我们熟悉的、有把握的，那就可以挑一些比较隐私的话跟他讲，但不能什么都讲。如果对方就是那种"小广播""小喇叭"式的人物，那就不要说得太多。

而且，别人告诉我们的隐私，我们也要"烂在肚子里"，不说出来。这是对朋友负责的态度。

可以不相信朋友，但不能不相信友谊

人生中第一次被自己信任的朋友恶意欺骗和背叛，我们很难再相信这个好朋友。若我们怎么都不能原谅，那就适度地"断交"。但是，我们不要不相信友谊。"情义相交"的友谊总还是有的。

经历过欺骗或背叛，我们要"吃一堑长一智"，知道世界复杂，人心叵测，今后应更懂得怎样为人处世，更好地经营友情。

 ## 写给家长的话／关注孩子的同伴关系

孩子的友谊问题不可忽视

同伴关系在孩子的发展和社会适应中起着重要作用。正是同伴关系中的合作与感情共鸣，使孩子获得了关于社会的更广阔的认知视野，也获得了自我价值感和归属感。所以家长应该格外重视。

11岁的女孩清清和多年好友冰冰闹翻了。她想向老师和父母倾诉自己的不解和委屈，但是，老师最后的话是"要团结同学"，妈妈最后的话是"合不来就不理她算了，没必要去为她伤神，好好学习就是了。"清清觉得根本就没有人能理解她。慢慢地，清清就不相信友谊了，变得不合群。

家长总认为孩子之间的友情是简单的，是打打闹闹。其实，孩子之间的友情也挺复杂的，他们之间的感情问题不可忽视。

疏导孩子的交友挫折

孩子们天真无邪，他们之间的感情才更纯洁。正因为没有杂质，过于真挚，才更容易受到伤害。而且，这种伤害可能会影响孩子的一

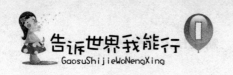

生。所以，家长要关注孩子在友谊中受到的挫折，加以适当引导。

当孩子被好朋友欺骗，父母要倾听孩子的哭诉，让孩子发泄自己的委屈。然后，和孩子探讨事情的起因经过，分析到底是哪里错了。如果只是误会，告诉他孩子之间的欺骗只不过是孩子的幼稚，讲清友谊来之不易，应好好珍惜。

要是双方都有不对的地方，并且孩子们也愿意相互原谅，那就把两个孩子叫到一起，互相道歉，坦诚相待。同时教育自己的孩子尊重、体谅伙伴，宽以待人。

同学给我起绰号，是我好欺负吗

经典案例

"四大美女" VS "五朵奇葩"

11岁的小雯有一个绰号，叫"石女"，是班上的男同学给起的。

班上的男孩子比较早熟，喜欢评判班上女同学的长相。他们推举出班上长相最漂亮的4名女生，美其名曰"四大美女"，乐得这4名小姑娘成天美滋滋的。

但同时，这些男生还选出了班上长相最"丑陋"的5个女孩，取名"五朵奇葩"。小雯就被他们列入了"五朵奇葩"之中。

每天被叫"奇葩"，小雯自然成天闷闷不乐，不仅学习没心思，和班上男生的关系闹得很僵，不愿意和他们说话。因此，她又得到了"石女"的绰号。

小雯苦恼地说："班上大部分同学都有绰号，什么'秤砣''肥

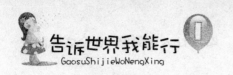

猪'等都是很难听的。虽然我们跟老师反映过，但根本没用，他们还是在背地里这么叫。我不知道怎么办？"

我的外号太难听

9岁的王鹏写信给知心姐姐求助：

我叫王鹏，班上有个同学不知为什么就给我起了个"尿盆"的绰号。而且，他一见我就这么叫我，还让全班的同学都这样叫。

谁愿意顶着这样一个名字！我越不理他，可是他却越来劲儿。我很生气，几次都想打他，但老师说打人是不对的。

姐姐，如何对付这种人，怎么能让他不那么叫我呢？

 ## 心灵困惑

 ★

孩子的困惑

一年级的胡蝶：我以前是比较爱笑的。可是，自从被班里的同学取了个"讨厌鬼"的外号之后，我就再也高兴不起来。我一笑，他们就叫我"讨厌鬼"。难道我真的让同学们讨厌吗？

三年级的韩耿：我个子比同学高，大家就叫我"傻大个"。我才不傻。每次他们叫我，我都和他们打架。可是老师和爸爸妈妈都说我是坏孩子。他们怎么就不理解，被叫了那样的名字是多么难受。

父母的困惑

段女士：女儿小菲是班上的学习尖子。只是她有些矮矮胖胖的，眼睛又小，看起来脸上的肉都挤到了一块。就因为这个，同学们都笑话她，说她长得像外星人，还说她是"天外来客"。小菲为此很苦恼，变得特别自卑，成绩直线下降，都不想去上学了。现在我怎么劝都没有用。怎么能让孩子过了这一关呢？

徐先生：我儿子的名字是我们一家仔细研究取的。可是自从孩子上了小学，就因为名字的谐音老被起外号。儿子跟我说了好几次，要改名字。我该不该给孩子改名字啊？

言女士：我女儿性格比较内向敏感，和女生关系没处好，也不和男生说话，结果男生说她装清高，外号越起越侮辱人。我听了都气得不行，孩子脆弱的心灵更受不了。我该怎么安慰她呢？

 ## 答疑解惑／如何面对难听的绰号

错的是那些给我们起外号的人

我们每一个人都想得到同伴的赞同和喜欢，能和大家学习在一起，玩在一起。但是，这些带有贬义的，甚至是侮辱意义的绰号却让我们觉得自己是一个不受大家欢迎的人。或者，我们害怕绰号会让其他人不喜欢我们，看不起我们。

虽然我们可能因为比别人矮，比别人胖，不漂亮，性格内向等原因而被别人起绰号，但这并不是我们的错，而是那些故意欺负我们的人不对。

所以，不用太在意别人的看法。想改名字或者想减肥都是把别人的错误发泄在自己的身上，是看不起自己，责怪自己。

我们应该有自信。因为我们每一个人都有优点，有长处，就像玉一样，即便有瑕疵，但还是一块独一无二的美玉。

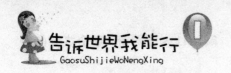

有了绰号之后，怎么办?

很多人小时候都被起过绰号，包括我们的父母。遇到这种事情，难过是必然的，觉得受羞辱了也是很正常的。但是，我们不能把这个绰号真的当回事。

有时候，同学之间互相取绰号并没有什么恶意，如果是这样，我们就可以告诉对方："我不喜欢这个绰号。"

如果是恶意的，那不管别人给你起多难听的绰号，你都不要在意。他叫你名字的时候你就答应，叫你绰号的时候，就算听见了，也装听不见。既然他们是恶意的，我们又何必和他们较劲呢? 时间一长，大家都会忘记了。

一般调皮的孩子不敢欺负班级的"强者"，而对"弱者"气势汹汹。如果我们被他们说得生气或哭了，他们就会继续这样做，因为他们觉得这样气我们很好玩，所以千万别理他们。变得强硬一点儿，要有气势。

重新给自己起一个有意义又好听的绰号

我们的名字是爸爸妈妈当初认真选择的，寄托着让我们快乐、幸福、健康、有成就等祝福，表达了一种美好的愿望。所以，要爸爸妈妈改我们的名字，会伤他们的心。

就算我们改了名字，那些坏孩子要是根据我们的新名字再取绰号，怎么办? 最好的办法就是不改，或者用智慧给自己起一个有意义又好听的绰号。

阿宝从小就比较胖，还戴了个大眼镜，所以被班里的男生取了个绰号叫"四眼熊"。后来，阿宝就想了个办法，在班上演讲的时候，他郑重宣布自己不喜欢那个"四眼熊"的外号，然后给自己取了个新的，改成了"胖帅哥"！同学们都记住了这个新称号，就把旧绰号忘记了。

不给别人起绰号

如果我们给别人起绰号，别人也会给我们起。既然我们也不喜欢绰号，那我们就不要给别人起绰号，尤其是那些侮辱性的绰号。

我们尊重别人，别人也会反过来尊重我们，这也就是我们对自己的保护。

 写给家长的话／和孩子一起面对绰号危机

不要忽略孩子的感受

当孩子因为同学给他起绰号而讨厌或拒绝上学时，家长大多数会认为不值得大惊小怪。或者不当回事，甚至说："他们叫你'小呆瓜'有什么关系？嘴巴长在别人身上，爱说说去。"

父母认为这样就没事，却忽略了孩子内心的感受，以及可能产生的不良影响。事实上，孩子因为心智还处于成长阶段，很多人会因为这些直指性格、身体某个缺陷的绰号，而形成自卑、孤僻、极端的性格。这种性格一经形成，便很难改变。可以说，侮辱性绰号对人的影响，很可能是一生的。

当孩子向父母哭诉的时候，应该让孩子知道父母了解他的感受。甚至，应该告诉孩子父母小时候也有过绰号，也被同学嘲笑过，当时也难受得回家哭。这样，孩子就会觉得家长和他们的立场是一致的，他们的情绪就会平复。

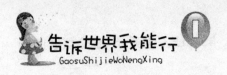

在绰号里注入爱

起绰号多半含有亲昵或开玩笑的意思。如果是小玩笑性质的，家长就可以告诉孩子："他们没有恶意，只是想接近你，跟你开玩笑。不要难过，下次出现这种情形时，你只要笑一笑，耸耸肩，或者告诉他你不喜欢这个称呼就好了。不必太认真。"

让孩子知道有人喜欢他，爱他，他就不会那么消极。比如，父母可以和孩子说："你现在是有些胖胖的，可是这个婴儿肥，妈妈觉得很可爱，妈妈在小的时候也是肥肥的，大家都很喜欢。小朋友给你取了绰号，实际上是在关注你，把你放在心上才会这样呀，不然为什么要伤自己的脑细胞来取绰号呢?"

让孩子学着不理会

家长可以告诉孩子，我们没办控制别人的想法和做法，但是我们能控制自己的想法、做法和心情，学生到学校的目的是寻找快乐的，要以快乐的心情在学校结交快乐的朋友，快乐地学习知识，那些喜欢给别人起绰号的小朋友，只是想搞些恶作剧而已，不去关注，不去理会，慢慢就会好了。

漂亮的女孩才会受欢迎吗

 经典案例

我是一个丑女孩

清莹的脸很大，眼睛却很小，用一个尖酸同学的话来说，就如同一个面饼上画了两条缝。再加上满脸青春痘，水桶腰，清莹成了同学口中不折不扣的"丑女"。

男同学懒得答理她，还在相互打趣的时候引用清莹的名字，比如："你这么矬，以后只能娶清莹做老婆！"另一个会反驳："你才娶清莹！你生生世世都娶清莹！"

这些挖苦和嘲笑就像一把刀子戳在清莹的心里，她没有办法，只能把这些当成耳边风，用沉默来保护自己。

尽管学习很好，但因为"丑女"的名声太盛，清莹少有朋友，只有一个较清秀的女生经常和她在一起。清莹十分珍惜这段友谊，但偶然

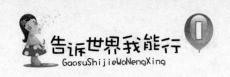
间却听见这个女生和男生一起嘲笑她，说："你们奇怪我为什么要和清莹在一起？那是因为她就是一个免费的'陪衬'啊！"一直内向隐忍的清莹第一次找那个女生吵了一架，然后绝交。

清莹不明白，长得丑也有错，不漂亮就低人一等吗？

为什么大家都喜欢漂亮女孩

11岁的女生方瑶在给知心姐姐的信中写道：

我心里就像压着大石头似的难受，因为在学校里我总能听到男生们笑话我长得丑。我知道自己不漂亮，可他们为什么就专要笑话我呢。

我们班里有几个特别漂亮的女生，家里还特有钱，穿着名牌衣服，用着我没有见过的文具，活得那么快乐。男生都很喜欢和她们玩，整天围在她们身边。即便有些男生背地里说那些女生都太疯了，但他们还是会和她们玩。

我真不明白，为什么大家都喜欢漂亮女生呢？女生不漂亮就不受欢迎吗？长大之后也是这样吗？"

心灵困惑 ★

孩子的困惑

三年级的周玉：妈妈常说我长得像爸爸，丑丑的，难道长得丑是我的错吗？妈妈为什么因为这就不喜欢我？

四年级的江云：我只不过是头比较大，同学们为什么都因为这欺负我？我也不想长成这样的。

六年级的何静萍：女同学说我长得挺好的，但男同学却追着我喊丑女。他们怎么那么坏？我怎么才能变漂亮呢？

父母的困惑

井先生：女儿总吵着要去医院整容，说同学们叫她丑女，她一定要变漂亮。现在的孩子怎么了，动不动就要整容。我们父母给的原版不要，非要整掉。

刘女士：女儿一回家就摔书包，对着我和老公说："谁让你们把我生得那么丑，同学们都嫌弃我。"以前孩子从来不在意外貌，现在是怎么了？

 ## 答疑解惑／自信自爱的女孩最美

我们为什么在意外貌

女孩子经常会照镜子，看看自己是不是鼻梁太低，是不是额头太窄，是不是有点胖儿，是不是太黑了，等等。一旦有觉得不好的，就会嫌弃自己，变得很自卑。

更讨厌的是，班里的男同学总是会嘲笑我们长得不好看，直接说我们丑，说我们嫁不出去，没有男生喜欢……我们就更伤自尊了。

我们为什么在意外貌？当我们慢慢长大就会特别渴望认识自己，并急于从别人那里得到肯定。而我们的外貌长相就会成为我们评价自己的一个重要方面。甚至，我们会觉得自己的外貌就是一切，直接关系到同学或朋友是否喜欢我们、尊重我们。

不要把自己幻想"丑"了

我们因为外貌所产生的烦恼，大多是因为我们脑子里有一种关于

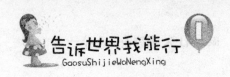
丑陋的幻想。当我们以一种很挑剔的目光先假定某一部位，比如鼻子有点儿不对劲，以后就会越看越不对劲。于是我们就得出我们很丑的结论。

所以，不要对自己的外貌期望太高，也不要把身上的一点儿缺陷无限地放大。况且，我们还没有到十八岁，有句俗话说，"女大十八变，越变越好看"。时间会给我们一个答案，不必心急。

不是只有漂亮才受欢迎

花有百样红，人与人不同，每个人都有独特的个性美。即便外貌不漂亮，但乐观、活泼或文静、聪颖好学等，都是我们具有的特色和个性。

漂亮不一定可爱，不一定有气质。关键还是要看我们的内在美。随着年龄的增长，知识和修养的提升，我们会长成一位有独特魅力的女孩。

另外，长得不好看跟受不受欢迎没有多大的关系，只要你有足够的人格魅力，时间长了你就会被大家所了解，人格魅力会超越你的外貌缺陷。大家照样会喜欢你。

如果不受大家的欢迎，那不妨找找除了外貌之外，自己其他的不足。比如，你是否爱干净，是不是太严肃了，是不是太任性了，是不是太内向了，等等。换位思考，别人对于你的行为是否会有不愉快的反应，有了判断才可以改进自己的不足。

关键是自信自爱

美和丑，这是一个见仁见智的问题，容貌的美丑也不是绝对的。我们只有承认并接受自己的"自然条件"，才能进一步地美化自己、喜欢自己，让自己透出生机勃勃的青春美。

因此，对外貌不妨坦然地接受，要尽量以积极、赞赏的态度来接受自己的外在形象，并设法消除别人消极的评价，做到不听、不信。

要知道，自信自爱的女孩最美，真诚善良的女孩最美，热爱生活的女孩最美。

 写给家长的话／肯定孩子

在意外貌，是孩子渴望自我肯定的表现

一个人的长相不能代表他的一切，但不可否认，在孩子的成长过程中，在意自己的外貌是必经的一个阶段。孩子对于外貌自信，也能带动其他能力的自信；如果对自己的长相不自信，他（她）在很多方面的表现则会大打折扣。这是一种自我肯定的心态，而这种自我肯定需要他人的肯定做引导。

不打击孩子的"爱美之心"

当前，选秀、选美节目泛滥，舆论对外表美的过度渲染，导致孩子的审美意识的模型化和标准化，对美的认知产生误区。爱美之心，人皆有之，大众的从众行为，导致很多孩子会丢失自我，认为自己长得不漂亮。如果不善于交流、无人倾诉，就容易产生冲动的行为。

当孩子询问家长："我是不是长得漂亮?"或者，"我是不是长得很丑"时，很多父母担心孩子贪慕虚荣而直言"你就臭美吧""你长得一般""你没有某某美""你长得很难看"等。这种做法无形中给了孩子不良的暗示——你长得不讨人喜欢，没有人喜欢你，不会有人爱你。这样会对孩子的自信造成打击。

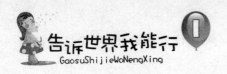

用夸奖良性暗示

正确的做法是，要夸孩子："你长得真可爱，如果加上某某优点，你就是最讨人喜欢的孩子！"给孩子一些良性的暗示，促使他变得更好，获得更多肯定。

每当孩子有进步的时候，比如，很勇敢，很勤劳，父母就应当夸奖孩子，"勤劳的你很漂亮。"在潜移默化中，能让孩子敢于自我肯定。

鼓励孩子内外兼修

如果孩子的长相真的不理想，受到同学们的嘲笑，除了告诉孩子父母爱他之外，还可以把丑小鸭变白天鹅的故事告诉他。让孩子明白，通过运动、锻炼、或读书、绘画等内外兼修的不懈努力，长大后，也一定会是美丽的"白天鹅"。

我害怕与人交往

 经典案例

没有人主动理我

性格原本就有点儿内向的明荣升入小学后，就彻底变成了一个"闷葫芦"。他不爱和同学玩，总是独来独往，对老师也是不理不睬的。

妈妈问他在学校里有没有好朋友，明荣一个字也说不出来，满眼都是委屈。他说："没有人主动和我玩，我害怕和大家相处。尤其是人多的时候，我就想离得远远的。我不知道为什么会这样？"

比赛失利后

11岁的房睿原本很活泼，但一次演讲比赛失利后，他就变得闷闷不乐。

房睿和队友们最初对比赛很有信心，但房睿在比赛中出现紧张、忘词等情况，导致大家没有取得名次。事后，所有的队友都将矛头指

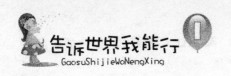
向房睿，有的甚至对他说出了讽刺和污辱性的语言。

从此，房睿就变得沉默起来，整天把自己关在家里。爸爸妈妈不管怎么和他说话，他都很少回答。假期时，几位同学叫他一起出去，房睿却拒绝了，还说"我不去，他们要骂我"这样奇怪的话。

现在，房睿的学习成绩一落千丈，爸爸妈妈不敢责怪，只担心他这样消沉会影响健康。他们也不懂一次比赛失利，怎么就让孩子再也不敢和人交往了呢？

心灵困惑 ★

孩子的困惑

一年级的李翰：我一见到陌生人就怕生，想往妈妈身后躲。妈妈说我是大孩子了，不能这样，可是为什么面对陌生人这么恐惧呢？

五年级的宗雪：我和男孩交往就紧张害怕而且很少说话，怎么办啊？和其他人也是一样，只不过在见到男孩子时情况更严重，这是为什么？

父母的困惑

谭女士：儿子这一年来变得很沉默，每天放学一回家，就把自己关到房间里，一待就是几个小时。周末也"足不出户"，就连家里来了小朋友，孩子也不愿理睬。他除了做作业，就是玩拼图，我的孩子是不是有心理疾病？

顾先生：我女儿学习成绩名列前茅。但是，无论课上课下，她都很安静，平常也是一个人在家，一个朋友也没有。我很担心，要是孩子以后交不到朋友怎么办？

答疑解惑／我们为什么害怕和别人交往

社交恐惧

我们害怕和别人交往，总感觉自己在别人的眼里是不完美的、可笑的、滑稽的、可耻的。甚至把别人扭过头、挤了一下眼、碰了我们一下这些正常的行为，看成是对自己的厌恶和鄙视。

如果真是这样，那很可能患上了社交恐惧症。因此，总想一个人待着，害怕陌生人，在人群里总有想逃跑的冲动。

害怕与人交往，源于自卑

处于青春期的我们，因为心智还不成熟，与人交往的经验也不够多，所以常常会出现交往上的恐惧。

如果性格自幼就比较内向，那很有可能成为人际交往困难的主要原因。有些原本活泼乐观的孩子，会在遭遇挫折（被伙伴欺负或者责骂）之后，产生恐惧心理，变得自闭。其实，无论哪一种情况，害怕与人交往的根本原因都是自卑心理。

11 岁的苏眉，听讲专心，作业认真，遵守纪律，成绩优秀。但是，她从不主动发言，也不和别的同学聊天，常常自己在角落里捧着书看。

她为什么害怕与别人交往呢？苏眉说："小时候，爸爸妈妈把我寄养在奶奶家。奶奶说我长得丑，没人喜欢。所以我很小的时候就不敢和别人在一块玩儿，总觉得别人都讨厌我。别人说靠学习才能成功，我就把时间都用来学习了。学习是好了，可心里总觉得空空的，我依然不敢和人交往。"

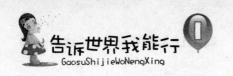
我怕人，一和人说话就紧张，就说错话，手脚都不知道往哪儿放才好。我没有办法，只好躲着大家，可别的同学都说是我太骄傲了，是我看不起人，我怎么会看不起别人呢？我实在是太怕人了呀……"

如何战胜交往障碍

与陌生人交往并不像想象的那么可怕。跟我们说话的时候，他心里也在紧张害怕，担心遭到我们拒绝。

如果我们不想主动和别人说话，那可以用"凑热闹"的办法。当别人玩的时候，我们可以旁观；别人聊天，我们可以倾听；在旁观和倾听中，找到适合的机会加入。

举个例子，当大家在聊三毛的时候，可能会说一些三毛的作品。我们在旁边倾听时，适当地插一两句话，慢慢地就能和大家聊起来了。不要怕说错，说错了，别人纠正，一言一语，来来往往不就熟悉了吗？

过分害怕被别人拒绝的人可以先给自己打个"预防针"。因为谁也不可能被所有人喜欢，那我们就提前告诉自己"我可能受到冷落"。有了这个心理准备，害怕的心理就会淡化。

修正自己的自卑

一个人自卑，就像他戴着一副灰暗的眼镜，是无法看到阳光的。认真看看自己，也许有些事情我们做不到，但有些事情我们绝对可以做到最好。不必苛求自己十全十美，谁都会有做不到或害怕的事情。

 写给家长的话／带孩子走出"伙伴危机" ★

孩子天生就喜欢和同龄的人相处。但是，当"与跟我一样大的孩子玩"这个要求达不到时，孩子们就会开始习惯独处。

父母常因工作不在家，出于安全考虑不让孩子出门玩，孩子们就只能在自己的小世界里和玩具、宠物说话玩耍。慢慢地，他们就变得害怕与人接触了。

让孩子"抛头露脸"

如果家里来客人了，家长不能嫌孩子碍事，而把他赶进房间。应该让孩子走出房门，帮着招呼客人。

孩子迟疑或者怯懦的时候，不要责怪，而要温柔地告诉他"叔叔阿姨来咱们家，是不是应该给他们倒茶"等。就算孩子很内向，但多听、多接触几次，恐惧感自然会少一些。

还可利用带孩子出游或出行的机会，让孩子与陌生人接触。如，家长在外等候，让孩子自己去超市购买小物品。

鼓励孩子主动与同学交往，为孩子们"牵线搭桥"

孩子渴望伙伴，家长也要接纳孩子的伙伴。比如，给孩子一个独立的空间，让他和朋友们在一起玩耍。

简妈妈一有空就带儿子简乐到楼下玩，因此隔壁的孩子都成了他的朋友。有时候儿子会带朋友来家里玩。简妈妈就给孩子们独立自由的空间，从不管他们床上床下乱爬，于是大家都喜欢来找简乐。

周末的时候，简妈妈也会带上儿子出去，参加摘草莓、摘樱桃、钓鱼等农家乐活动。

上周，儿子过生日，简妈妈让他自己邀请朋友，然后她负责招待，大家玩得很开心。

家长对孩子的朋友态度友善，就能为孩子交友创造良好的条件。

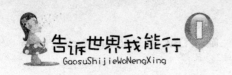
而且，支持孩子结交伙伴的态度和行动会让孩子明白与同伴交往是自己的权利，处理同伴关系中的问题是自己的责任和义务，这会使孩子受益终生。

另外，父母在人际交往方面，也应显示出主动的姿态，主动与邻里接触、和善待人，这样做能对孩子起到潜移默化的影响。

好朋友忽然不理我了，我好失落

经典案例

他为什么忽然不理我了？

10岁的董浩刚进教室，就看到好朋友秦鸿正在书包里掏东西，便兴高采烈地走到他后面，拍了一下他的肩膀。

没想到秦鸿回过头，漫不经心地瞥了他一眼，生气地说："干什么呀，真无聊！"董浩一下子愣了："他这是怎么了？真是奇怪，我也没惹他呀！"

董浩情绪低落地走到自己的座位上，觉得做什么都没兴趣。下课了，董浩偷偷看看秦鸿，人家正跟别人玩得高兴呢，仿佛从来没有董浩这个好朋友。

孤单、失望、难受涌上董浩的心头，他不明白秦鸿怎么突然不理自己了呢？

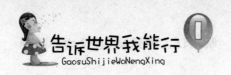

有了圆圆，就不要我了吗?

知心姐姐:

我叫慕柔，今年 8 岁。我有一个特别好的朋友叫谷清，我们俩基本上天天都在一起聊天、看书、做作业……

但是，这学期换了座位，我和她分开了。谷清就经常和她前排的一个女生圆圆在一起了。我每次去找她，她就只和我说几句话，却和圆圆说很多。放学后，她也不和我一块儿走了。

我好失落啊，觉得谷清再也不是我最好的朋友了。我该怎么办?

 ## 心灵困惑

孩子的困惑

一年级的焦泽:本来我和小涛是好朋友的，但是自从宋岩来了之后，小涛就不理我了。难道是宋岩不让他和我玩吗?

三年级的陈秋波:我和楼下的芳芳一直是好朋友。自从她搬走，我们俩还写了好多信。可最近，她却没有按时给我回信，忽然就不理我了。为什么呀?

五年级的刘博:最近我非常痛苦，因为身边的好朋友突然之间都不理我了。可我却不明白是什么原因，我很困惑，也很着急，怎样才能找回失去的友谊呢?

父母的困惑

张先生:7 岁的儿子和好朋友闹别扭了，说不出个中原因，就问我:"胖胖为什么不理我了? 他怎么了? ……"我该怎么解决孩子的友情困惑呢？

 ## 答疑解惑 / 如何面对令人失落的友情

    进入青春期之后，我们就会产生强烈的交友欲望。但在交友的过程中，常常会产生不满足感。我们渴望得到朋友更多的关心，甚至希望他（她）只和你一个人成为好朋友。如果他很少理睬我们，我们就会失落，难受。这是很正常的心理感受。

什么是真正的友谊

    也许我们觉得现在每天一起看书、聊天、做作业就是好朋友，但在接触更多的人、经历更多的事情以后，就会发现友谊不仅仅是每天在一起，更多的是内心的支持和帮助。

    可以这么说，真正的友谊是一种来自双向关系的情感，即双方共同凝结的情感，而且，它并不在乎形式。

自我反省，找找原因

    我们可以时常思考一下，我们与朋友之间的关系，回顾自己最近的言行和表现，是否存在有意或无意伤害到好朋友的事情。任何一个矛盾的产生，都不是无缘无故的，也不是单方面造成的。作为当事人，我们首先应该进行自我反省，在自己身上找原因。这对迅速找回失去的友谊很关键、很重要。

和朋友坦诚地谈一谈

    邀请朋友共同聊一聊我们之间的友情，真诚地表达我们的想法和感受，通过这种沟通了解彼此对这份友谊的定义，从而找出应对问题

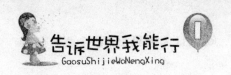

的方法。

要解决问题首先要搞清原因，我们可以借由其他朋友去问，也可以平心静气地亲自询问。如果是我们的不对，那就诚心诚意地道歉；如果存在误会，那就尽早解释清楚。

如果对方不说原因，那也一定多体谅对方，不要过分计较。告诉他："我很珍惜你这个朋友，希望能和你继续做朋友。"

我们若能用发自内心的真诚去感动身边的好朋友，相信他们一定会对我们说出自己的心里话。这样就能消除彼此间的误会，重建友谊。

友情需要包容

朋友相处总免不了一些摩擦，不知大家看过电影《怪物史瑞克》没有？里面有一句台词特别好——"朋友就是要互相包容。"这的确是朋友相处的基本道理。遵循这个道理，很多矛盾就会化解。

 ## 写给家长的话 / 教育孩子珍惜友谊

当孩子对父母说："小伙伴不理我了，怎么办？"时，父母是怎么回答的？一是"没关系，找别人玩"；二是"告诉老师"；三是"那我们就自己玩"。这三种回答都不对。孩子之间的友谊，不论是建立、破坏或瓦解，都自有其一套原则，家长不能用成人的交友原则去纠正。

当孩子有交友上的困扰时，首先要听他们的倾诉。然后，探讨别人不和他玩的原因，听一听孩子的处理方法，并给予一定的建议和指导。

另外，孩子和伙伴有矛盾的时候，恰恰是教育孩子珍惜友谊的时机。朋友间的吵架或冷战是不可避免的，告诉孩子尊重和体谅伙伴，交往中不怕吃亏，豁达大度，才能交到更多好朋友。

有同学说我喜欢某个女生，怎么办

 经典案例

别人总爱说我喜欢某个女生

知心姐姐：

我叫杨玉鑫，11岁，上五年级。我最近很烦恼。班上总有几个女生一直造我的谣，说我喜欢班上的金颖。

其实，根本不是那么一回事。

金颖坐在我前面，经常会问我一些问题，接触就多了一些。然后别人就到处乱说。那些人乱说，我却要被人指指点点的，我很难受。

昨天班主任还找我谈话，说什么学生要以学习为主，这更让我生气了。我都不想去上学了。

知心姐姐，遇到这种情况，我到底该怎么办呢？

老是被人造谣怎么办？

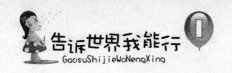

12岁的维倩最头疼的就是总被别人造谣。班上的同学总是说维倩跟某某男同学怎么样怎么样，动不动就说维倩他们俩是"金童玉女"……后面都是一些很难听的话。

维倩简直不能跟男生有任何言谈，包括自己的同桌，否则就又要被造谣。

更让维倩难受的是，操场上有一个旧墙，不知谁在上面写的"维倩跟同桌有暧昧""维倩和某某牵手了"……

维倩简直快气疯了，她不明白自己到底做错什么了？班上那么多女同学跟男同学下课在说话，为什么不传她们的？而自己跟男同学说一个字都被传，到底该怎么办啊？

 ## 心灵困惑

孩子的困惑

三年级的苏斯语：班上的同学好八卦啊，老是说我喜欢某某某，根本没有这回事，搞得我都有些不自在了。现在我都不敢和那个女生说话，但是别人还是说，我该怎么办啊？

四年级的潘云：我和同学的关系总是不太好。我总觉得我的为人以及对同学的态度还是很好的，但他们总是对我"鸡蛋里挑骨头"，还给我乱传谣言、冷嘲热讽。我不知道怎么回事，这让我在班里总是很自卑，也无法安心学习，每天心情很糟糕，学习越来越差。我该怎么办呢？

六年级的刘韬伟：班上有个女生，我们一起上同一个兴趣班，常有话说。但男同学看见后就说我喜欢她。怎么办啊？要是这话被我爸爸知道，他一定会说我不好好学习，早恋。这些造谣的人怎么那么可恶？

父母的困惑

曲先生：女儿有一天回家，特别生气，说班里有几个同学说她坏话，造谣说她和同学肖乐怎么怎么样。因为这事，女儿在班里一点儿威信都没有了。我该不该为这事找孩子的老师呢？还是让孩子自己解决？

胡女士：儿子的朋友跑到我家玩，对我说儿子喜欢班上的某某。我一听就着急了，这个升学的关键时候，儿子怎么……可我一问儿子，儿子就火了，他说班里人说他坏话才这么说的，还说我不信任他。到底是怎么回事呢？

 答疑解惑 / 如何对付根本不存在的谣言

他们为什么造谣

我们每个人都遇到过这种事情——别人总是造谣说我们喜欢某某。这可能是别人无聊开玩笑逗我们，也可能是因为对方嫉妒我们和别人关系好，或者是我们确实和别人比较亲近，让其他人误会了。但是，只要这件事并不是真的，我们问心无愧，就不需要怕。

有谣言不要怕，勇敢面对

很多人可能会因为害怕这种谣言，而选择不去学校。不过，这样做大家只会觉得这个事情就是真的，你就是害怕。最好的办法是鼓起勇气去面对。

不要怒气冲冲地找造谣者算账

也许我们非常委屈，走到校园里都抬不起头，但如果我们在气愤

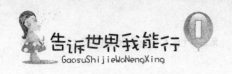
之下找造谣者算账，要他说清楚，并为我们澄清，甚至还威胁对方要是不照办，就"以牙还牙"，结果只会更糟。

事实上，和造谣者吵一架并不能解决问题，反而可能让别人加深对你的误解。小心越描越黑，弄巧成拙。

自我反省

无风不起浪，事情总有点儿原因。如果别人总给我们造谣，那就要反省一下自己，多问问身边人对我们的看法。比如，你可以弄很多字条，发给同学们，让大家写下对你的评价。然后你就弄清楚自己给别人留下的印象了，也就知道该怎么办了。

尤其，在一个班里，当我们只有为数不多的几个朋友，却不能和其他人和平相处，那我们自己就需要改正不足了。

根本不放在心上，让谣言自然淡化

既然我们很坦荡，明白是那些造谣者的无聊之举，那么我们就根本不用把这件事情放在心上。当那些传谣言的人在谈论是是非非的时候，我们却在认认真真学习或者快乐玩耍，那我们就是聪明的人。

有句俗话，谣言止于智者。我们的自信、坦诚、快乐就是给那些误会我们的人最好的答案。

如何对待和我们一起被谣言伤害的同学

我们和他成了谣言的主角，他可能也同样难受。这时候，我们不应该责怪对方，这件事情不是他的错。

如果我们因为这件事而跑过去和他绝交，那只能伤害对方。我们可以与他继续相处，原则是要疏而不远，把握两人交往的距离。

写给家长的话 /
理性面对孩子"喜欢某某"的传言

听到谣言，不武断下结论

当家长听到自己的孩子"喜欢某某"的传言时，是不是会疑问："怪不得他学习成绩下降了呢?"

说实话，这种论断太伤害孩子的心灵了。也许，孩子烦恼是因为这种不实的传言，他学习成绩下降是因为不知道该怎么面对谣言。

所以说，当听到诸如此类的传言，家长一定要冷静，千万不要为此责骂孩子。想一想，他本身就受了委屈，如果连最亲爱的父母都不能理解和帮助他，他怎么会不压抑或走极端呢?

家长要做的是，如果孩子主动倾诉烦恼，就耐心倾听，然后开导他。如果孩子坚持不说，家长就要从其他途径，弄清事实。比如，可以温和地和孩子聊聊天，问一问他有什么烦恼。

帮助孩子亮起人际关系的绿灯

谣言可能暗示出孩子人际关系亮了红灯。和同学关系不好的危害，就会影响身心健康，危及健全性格的发展，必然也会影响学习成绩。家长要在了解事实的基础上，以朋友的口吻指出他的缺点，给他最真诚的意见。

此外，作为父母，还可以帮孩子搞个小型聚会，约一些平时疏远他的同学。在他们谈笑娱乐之余增进友谊，也可以帮他询问他们不喜欢他的原因，用真诚和温暖为孩子的友谊"招兵买马"。

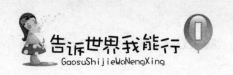

妈妈担心我被朋友带坏，会吗

经典案例 ★

为交朋友，我与妈妈发生争吵

10岁的浩浩最近和妈妈闹起了别扭。事情的起因是老师将班上一个调皮捣蛋的差生安排成了浩浩的同桌，希望浩浩能帮助这个同学。浩浩觉得这是老师对自己的信任，很乐意地接受了任务。

可妈妈听说后，就立即找到班主任，说浩浩不能和这样的坏孩子交朋友，会受到不好影响的，要求尽快重新安排座位。

浩浩非常生气，认为妈妈干涉了他的自由。浩浩说："为什么我不能自由地交朋友呢？从上学第一天开始，妈妈就对我说'近朱者赤，近墨者黑'，要和那些懂事、听话、有礼貌、成绩好的好孩子玩，不要理那些没教养、老师不喜欢的坏孩子。难道朋友真的会把我带坏吗？"

妈妈为什么不喜欢我的朋友

最近，一向活泼的小轩整天闷闷不乐，因为他被妈妈转到了另外一所小学，再也见不到要好的小伙伴阿俊了。

小轩和阿俊很要好，聊什么都能聊到一块儿去，平时打闹在一起。小轩说："有一次，我带了阿俊回家。妈妈在客厅把阿俊的学习成绩和父母的情况问了个遍，害得阿俊以为我妈妈是调查户口的。我俩玩得非常开心，阿俊和我有点儿得意忘形，就在床上上蹿下跳的，正好被我妈妈看到了。我妈妈竟然把他轰了出去，然后骂了我一顿。第二天，就替我办了转学。"

小轩弄不明白，妈妈为什么不喜欢自己的朋友。

心灵困惑

孩子的困惑

二年级的周雯：每个班里都有一帮一的互助学习活动。我学习好，又是班干部，老师信赖我，让我帮成绩差的同学，这有错吗？

三年级的韩涛：我和小欣是好朋友，我有什么烦恼，跟爸妈说他们都不理解，跟她一说就想开了。可是，妈妈总是跟我说小欣学习成绩不好，会把我带坏，还威胁我说，要是我再和小欣一起玩，就给我办转学。我不懂，朋友真的能影响我吗？我觉得自己还是和以前一样啊？

四年级的历阳：妈妈总告诉我和第一名玩。我们班里的第一名是学习好，可是他太傲了，根本看不起我们这些学习成绩中下等的。我去问他问题，他爱答不理的。难道第一名就确实好吗？

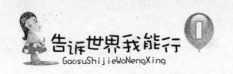
五年级的陈刚：我家很富，爸爸从来不让我和家里穷的孩子一起玩，说他们没教养，会把我教坏，说跟他们玩我以后就没出息。难道真像他说的跟什么人在一起，以后就会变成什么人吗？

父母的困惑

秦先生：近朱者赤，近墨者黑。孩子小小年纪不懂这些道理，我们大人要对他负责，在交朋友的问题上严格把关，不让他受外界不好的影响。和一个学习差的孩子玩，要是被带坏了怎么办？

刘女士：玲玲自从交了这个朋友，时常晚归，作业也不及时做。我问她去哪里了，她还嫌我管得宽。看到以前乖巧的女儿变成这样，我怎么能不担心？为什么这些道理她就是听不进去呢？

 答疑解惑／避开坏朋友，多交好朋友

坏朋友有坏影响

10岁的男生刘越和楼下的大哥哥认识后，经常见对方去打群架。他觉得像电影里演的一样，很有气势。心动的刘越一放学就跟着大哥哥，欺负那些自己看不上的同学，为了"江湖义气"和别的学生打架。

跟着天天打游戏的朋友在一起，我们可能很快就学会打游戏，并且上瘾。跟一个经常逃学的朋友在一起，我们不久也不会再把逃课当回事。跟一个喜欢偷东西的朋友在一起，慢慢可能也学会了偷别人的东西。朋友对我们的影响很大，即便是大人，也难以保证自己的自制力。

我们尚小，这就难怪父母总是会干涉我们交朋友了，他们的担心也是正常的。

因此，对于那些有网瘾、逃课、不学习，欺负同学，喝酒、抽烟、打架、偷窃、赌博的朋友，我们一定要主动远离，少与之打交道。

让爸爸妈妈认识到自己朋友的优点

当然，每个人都会有优点和缺点，比如有的同学学习成绩差，但乐于助人，所以不一定就是坏朋友。如果父母反对我们和他在一起，不要忙着和父母对着干，不妨认真地和爸爸妈妈谈一谈，告诉他们这位朋友的优点，争取让爸爸妈妈也意识到对方对你的成长是有益的。同时，也去帮助他掌握一些好的学习方法，以提高成绩，尽量用自己的优点去影响他。

 ## 写给家长的话／怎样引导孩子远离坏朋友

孩子年龄小，对是非的判别能力还不够，也不明白朋友对自己的重要性。作为家长，非常有必要给予一些引导，帮助孩子走出交友的困惑：

提早教给孩子正确选择伙伴的方法

不要等到孩子结交了"坏"伙伴，才手忙脚乱地"下禁令"制止。家长可以提早教给孩子怎样选择朋友，比如，把正直、宽容和知识渊博定义为好朋友的人格标准，而脾气暴躁、心地不良的则需远离，教会孩子如何和伙伴相处。注意，这是一个沟通的过程，可以和孩子一起探讨交友的需求和困惑，而不是一个强制命令。

聊天沟通而不是下禁令

一旦发现孩子和不适合的人交往，立刻让孩子和对方断绝交往，

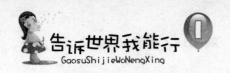

只能起到反效果。这时，作为父母，应该好好跟孩子谈谈。比如，孩子的作业没能按时完成，就可以和他谈，爸爸妈妈是多么希望他能在学校表现得好一点儿。如果孩子对这样的开始不以为然，就可以把话题转到他的小伙伴身上，要开诚布公地告诉孩子，发现自从他结交了新伙伴后开始变了："如果这个伙伴有什么特别的行为，我想我们最好还是好好谈一谈。"

如果能找到除父母以外的、在孩子心里有地位的"第三者"来说服孩子，让孩子感受到轻松和被保护会更有积极效果。

注意，千万不要用打骂的方式逼孩子绝交，这只会事与愿违，让孩子更叛逆。用转学隔离孩子们也不是好办法，孩子有可能在新的地方遇到新的问题。

不为孩子做的坏事找借口

如果孩子真的在坏伙伴的影响下干了错事，家长不应回避，更不要武断地把孩子犯错的原因归结为受了"坏孩子"的影响。这不但于事无补，还等于为自己的孩子做坏事找了个借口。家长可以表达自己的想法，同时努力了解孩子之所以和这些伙伴交往的真正需求。

你们为什么嘲笑我的梦想

 经典案例 ★

妈为什么笑我

10 岁的宣城看完飞船升空的新闻，很认真地对妈妈说："我长大想当飞行员。"

宣城本想妈妈能鼓励自己几句，但是等来的却是妈妈的奚落声："就你那成绩，还想当飞行员？你以后有机会能坐上飞机就不错了。"

宣城听完，难受极了，他不明白，自己的梦想就那么可笑吗？为什么妈妈要嘲笑自己的梦想？

我想当花匠

8 岁的筱慕不想按妈妈的期望当一名钢琴家，她想向爷爷那样，当一个好花匠，种出各种各样好看的花草。

一次，老师在课堂上要大家说自己的梦想。筱慕说完，同学们都

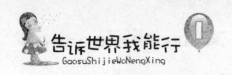

笑了，说她那根本就不是梦想。连老师都说，要筱慕改改梦想，比如做个老师、做个科学家、做个作家等。

筱慕不明白：做花匠就不是梦想了吗？大家为什么看不起我的梦想？

 ## 心灵困惑　　　　　　　　　　　　　　　　　　　　　★

孩子的困惑

二年级的陈恒：每次家里来客人，妈妈都要把我当作家的梦想拿出来当笑话讲。看着大家笑成一团，我很生气。为什么我的梦想就不值得家人尊重？

三年级的杭燕：我告诉哥哥我以后要成为一名歌手。谁知，哥哥斜眼看了看我，竟说："就你那嗓子，绝对没有人听得下去。"我的梦想真的是异想天开，否则哥哥为什么要那么说？

六年级的曲松：我在一个很僻远的小学上学，当我说要考市重点初中时，同桌却嘲讽地说："你怎么不说要去上清华大学？"他那种眼神，我怎么都忘不掉。难道考个好中学就是不切实际的吗？

父母的困惑

严先生：我给孩子都安排好了，以后当个服装设计师。他怎么就不听，非要学踢球，还说要振兴中国足球。踢球能当饭吃吗，孩子怎么这么不实际呢？

汪女士：孩子要当作家，我说他这是在痴人说梦。谁知他却急哭了，大吼："为什么你总是那么不理解我，我有我的梦想……"我是不是不应该打击孩子？

 ## 答疑解惑／越是被嘲笑，梦想越有力

梦想是心中的种子

每一个孩子都有梦，梦想就像埋在心中的种子，总有一天会生根发芽。世界上那些知名的人物，比如爱迪生、毕加索、达尔文等，他们的童年也和我们一样有着一个绚丽多彩的梦，而这些梦后来就成为他们为之奋斗一生的目标。

所以说，有梦想，才有无限的力量，去追求和实现梦想。

别人为什么嘲笑我们的梦想

如果我们的梦想很"崇高"，比如当科学家、宇航员、作家或者考北大、上清华、出国留学等，那么嘲笑我们的人就会觉得我们不自量力，是痴人说梦，是异想天开。

其实，他们之所以嘲笑我们，是因为他们的梦想很小，他们实现不了大梦想，就认为我们也会一样。这种很现实，略微带点儿嫉妒的心理就使得他们脱口嘲笑我们了。

当我们的梦想很"平凡"，比如当个花匠，理发师、农民、动物医生，等等，别人就会觉得这些梦想太小了，根本算不上是梦想，还会看不起我们。

事实上，适合的，才是最好的；做自己喜欢的事，才是最幸福的。梦想无所谓大小，只要是梦想，就值得我们去努力实现。嘲笑我们的人不是没有梦想，就是把"梦想"理解错了。

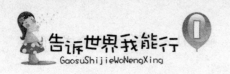
越是被嘲笑，就越要坚持去实现

一个 7 岁的男孩跟同学说："我要成为一个魔术师！"他得到的是全班哄堂大笑。

委屈的男孩回到家，向爸爸倾诉："我的梦想是成为魔术大师，可他们却都嘲笑我……"他的话还没说完，气急败坏的爸爸跺着脚朝他大叫："孩子，你疯了吗？"

尽管遭到了无数的奚落和嘲笑，这个男孩并没有因此放弃，而是继续练习魔术。

一天，他走上讲台，在同学们的嘲笑声中进行了一次表演——神奇货币穿盒术。表演结束，笑声没有了，教室里响起雷鸣般的掌声。他的魔术表演成功了，而且还轰动了全校。

12 岁那年，他参加了儿童魔术大赛，从数百名强手中脱颖而出。2009 年，在春节联欢晚会上，我们看到了他的近景魔术《魔手神采》。

这个男孩就是刘谦。

那些被嘲笑的梦想，如果不放弃，往往会迎来实现的一天，内心坚持梦想的人一定会得到命运的馈赠。

做梦想的缔造者

当我们听到别人嘲笑自己的梦想，不要在意，我们的梦想和他们没有关系。与其跟这些梦想破坏者理论，不如把自己建设成为梦想缔造者。

也许全世界都对你的梦想说不，你也可以成为那唯一肯定的声音。我们要做的就是一步步实现自己的梦想。就算被嘲笑，也可以把这些嘲笑当成实现梦想的动力。

写给家长的话 / 不要轻视孩子的梦想

不要嘲笑孩子的梦想

每个孩子都会有自己的梦想，无论这个梦想是大是小能否实现。孩子在谈到自己的理想时，总会神采奕奕地对父母描述，但是深受现实熏陶的家长，是不是总会对孩子的梦想持一种不屑一顾的态度，有时甚至会大泼冷水呢？

千万不要嘲笑孩子的梦想，那不但伤害了他的自尊心，更打击了他追求梦想的积极性。

每个梦想都值得家长尊重和呵护

虽然家长总觉得有崇高的理想才是光荣的，才会有出息，但是，有多少崇高的理想消逝在岁月里。

所以，哪怕是有一天孩子告诉我们，他想制造一种特别的武器，消灭所有的坏人，或者他想成为一个流浪歌手，做父母的也别小瞧孩子，更不能挖苦孩子。因为很有可能孩子梦想的嫩芽会因为一句不留心的讽刺而泯灭。更有可能的是，家长的不屑和冷落会把一个未来著名的人物扼杀在摇篮里。

记得王金战老师曾经这样说过："你不能让西红柿苗子结出苹果来，西红柿就让它结西红柿，苹果就让它结苹果，每个成果都有其价值，沿着你的强项成长，每个学生都是最优秀的！"所以，孩子的梦想是世界上最具价值的珍宝，每个孩子的梦想都值得尊重和呵护！

注意，不要把自己的梦想强加在孩子的身上，毕竟这是孩子的人生。

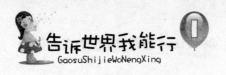
鼓励孩子去实现梦想

如果孩子以一种认真的态度对你说出他的梦想，你就要不断鼓励孩子，这对孩子的健康成长会起到巨大的牵引作用。

美国篮球巨星乔丹很小的时候就怀揣篮球明星梦。有一次，他把自己的梦想告诉了母亲，母亲对此大为赞赏，并向乔丹祝贺他有自己的梦想了。

有了梦想的乔丹更加热爱篮球，母亲为此还专门阅读篮球的专业报刊。两人一起欣赏场上运动员的身姿，精准的投篮、敏捷的步伐和魔幻的动作。妈妈建议乔丹把那些精彩的图片贴到他卧室的墙壁上，让他们与小乔丹朝夕相伴。

作为父母，一定要引导孩子大胆地表述他的奇思怪想，同时给予孩子一定的鼓励，让孩子有被认可的乐趣。尽管孩子的童言幼稚，也许能实现的寥寥无几，但那又有什么关系呢？即使孩子的理想和愿望一个都没有实现，依然可以感受到孩子的可爱，所以不要轻视孩子的童言，更不要嘲笑他的承诺。

父母应从现在开始对孩子的梦想坚信不疑，这时孩子就会从父母那里获取无限的勇气和力量。父母要尽最大的能力支持孩子的圆梦计划，并且提供建议和支持，当孩子对自己的理想有所怀疑时，适时地给予鼓励。

不知为什么，
一考试我就紧张

经典案例

越关键的考试，我越紧张失常

11岁的陈凯平时学习非常努力，可一到考试就不行。小测验还算好，可越关键的考试，他就越紧张失常。

每次，拿着批改过的卷子，看到那些明明很容易、自己平时也会做的题却错得那么离谱，陈凯就特别难过。

上个学期的期中考试，陈凯坐在考场上直走神，手心出汗，心跳加快，脑子一片空白。看着卷子上的题，他觉得像在看天书。果然成绩也非常不理想，回家被爸妈批评了一顿。

陈凯不知道自己是怎么了，更让他担心的是，他不知道这样的自己如何才能应对接下来的更重要的考试。

转学之后……

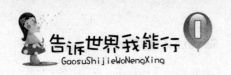
秦雪在以前的小学一直很努力，成绩也很好，她自信地认为只要付出努力就有好成绩。

可是，自从转学到了一个新的小学，一切都不同了，周围同学实力都很强，不论秦雪怎么努力都总是落在后面。

每次考试前，秦雪都会给自己鼓劲，相信自己尽最大努力就会成功。可是，一次次的失败让她再也没有了信心。

秦雪开始很害怕考试，甚至一想到考试就冒冷汗，看到试卷就发抖。每当考完试，她总在想：这是心理问题吗？可是，我不敢去咨询，要是同学们知道了说我不正常怎么办？

心灵困惑

孩子的困惑

二年级的徐露：不知道为什么学习压力很大，考前复习绝对充分，路上还是很轻松的，可一到考场就像变了个人似的，木讷了。结果现在我的考试成绩都很糟糕。爸爸妈妈总说我没好好复习。我该怎么向他们解释这连我自己都不明白的事情呢？

四年级的杨凡恩：自从上了四年级，连着几次考试，我都出现了失常。平时的普通小考我都没问题，在班里都能排在前几名。可一到大考，还没到考场，我就开始紧张。当我一拿到卷子，脑子里就一片空白。虽然也在心里拼命地告诫自己，要对自己有信心，自己准备得很充分了，没什么可紧张的，可还是克制不住自己。谁来告诉我这是怎么回事呢？

六年级的雷硕：我平时成绩一直很好，可是我非常非常害怕大考。一大考，我就紧张，越紧张越害怕，越想考好证明自己的实力，就越考不好！马上就要升初中了，这个大考我怎么才能过去呢？

父母的困惑

何女士：小敏的数学成绩总是不稳定，问她原因，她说不是不会，就是每次考数学时，遇到一点儿困难就紧张，总是叫自己冷静就是冷静不了，因此越考越差。到底该怎么办呢？

冯先生：眼看着转年孩子就该小升初了，这考试紧张的毛病改不了，影响临考发挥，怎么考上理想的学校？

 ## 答疑解惑／如何才能考试不焦虑？

每个人都会有点儿考试焦虑

一遇考试，尤其是大考，我们可能很焦虑、烦躁，注意力不集中，记不住知识点，还坐立不安，心慌气短、手心出汗，全身发抖。尤其是，当卷子拿到手中，我们的大脑可能会一片空白，看错题目，出现笔误，等等。

这是考试焦虑心理，是学生普遍的一种心理状态。可以说，大部分人都或多或少地有一些症状，只不过我们并不知道而已。

所以，有了上述症状，不要过度责备自己。只要用心调节，我们就能减轻这种焦虑，发挥正常水平。

是什么引起了考试焦虑

考试焦虑主要源自父母、老师或自己的期望过高，结果造成过大

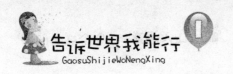

的压力。

很多人可能不理解，我们平时不是学得不错，为什么还怕考试呢？这恰恰是因为平时成绩很好或者一直很努力，时常受到老师的表扬，父母的赞誉，这种"众望所归"的心理压力很容易让我们在大考中"有负众望"。

也就是说，当在"考好""考第一""超过某某"等这种在考试中取胜的念头太过于强烈时，我们就会产生极度的紧张心理，对考试成绩很担心。结果，这就干扰了我们的思考力和记忆力。如果这时候遇到一个难做的题目，就会恐慌、害怕，溃败。

更糟糕的是，当考试失败几次，我们心里就有阴影，十分担心再次考试的失败。可越是怕失败，越紧张担忧，反而越容易失败。

如何看待考试

很多人将考试看得很重要，觉得考试失败会导致如父母训斥、老师失望、同学笑话、自己没面子等可怕的后果。

其实，考试的目的从根本上是检验我们学会了多少，学得怎么样，有没有知识漏洞。考试要"尽力而为"，考完要查漏补缺，这就行了。如果爸爸妈妈责怪，我们就告诉他，通过这次考试我们学到了什么，下次就会做好。

不要把一时的考试成绩的高低看得太重。我们可以把平时的作业和小测验都当成"大考"来严格要求自己，以增强自己对考试的适应性和自信心。当"大考"时，把它当成"小考"以放松自己。

放下包袱，减轻压力是关键

适度的压力是好事而不是坏事，它可以变成动力、竞争力。但是，如果对自己未来的期望值很高，那就是在苛求自己。

对自己的期望值保持恰当，就要正确认识自己。比如，优势是什么，不足是什么，目标定在多少合适，等等。一口不能吃成大胖子，慢慢提升自己。

但要注意，在学习上投入的时间太多，不注意休息和文体活动，也会使大脑经常处于紧张状态。所以，当烦躁焦虑地看不进去书时，不妨休息一下，听听音乐，玩会儿游戏，散散步，打打球等。

做好考前复习，增强自信

"不打无准备的仗"，考前做好充分的准备，认真复习和总结知识要点、解题思路等。不要总想着别人都复习得很棒，也许他们连书都没看。只要专注于自己就好。

考试时要学会放松自己，一紧张就慢慢地深呼吸，考试前看看窗外的风景舒缓一下自己的心情，给自己打打气，对自己说：我能行。

 ## 写给家长的话／如何缓解孩子的紧张情绪 ★

很多时候，孩子的紧张情绪来源于家长。10岁左右的孩子，本身情绪波动就比较大，如果家长的情绪不稳定，对考试过高重视，如临大敌般"一切以考试为中心"，还千叮咛万嘱咐地说"你千万不要紧张"。反而会加重孩子的紧张焦虑情绪。

要缓解孩子的紧张情绪，家长可以从以下几个方面入手：

爱孩子，且不附加任何条件

一些人错误地认为，孩子学习成绩好，就是对自己最好的回报。

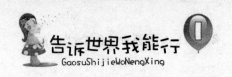
这无疑严重亵渎了父母对孩子无私的爱，也给孩子增加了严重的心理负担。一旦孩子没考好，他就会觉得自己愧对父母。用行动告诉孩子爸爸妈妈是爱他的，增加孩子的安全感和自信。

对于考试，保持一颗平常心

有些家长觉得孩子考好了脸上有面子，逢人便夸孩子，还给物质奖励；但孩子一考差了，就责骂孩子，这也为孩子出现考试焦虑提供了温床。

对于考试，家长要保持一颗平常心，不过高期望，主要是鼓励和理解，给孩子情感上的支持。当家长把这种心态传递给孩子，势必就会使孩子以一颗平常心去应对考试。考后，也不要过分关注孩子的成绩，要帮助孩子分析成绩，首先寻找成功的经验，再查找知识漏洞。万一孩子考砸了，家长要多鼓励，不批评。

另外，要给孩子营造一个安静温馨的学习、休息环境，适当抽些时间让孩子看看电视、听听音乐，和他们聊聊天，或陪他们散散步等，帮助他们调节身心，消除考试前的各种心理压力。

我能不能把数学学好

经典案例

数学总是和我"作对"

别人总说数学很有趣，学数学很愉快，但10岁的姜星磊却常觉得数学就是生来和他作对的。

刚开始，姜星磊知道自己数学不如别人，总是很努力。可是，这堂刚学会，下堂就忘了。有些自己不懂的问题问别人，无论别人怎么讲，姜星磊还是不明白。有些题目，知道怎么做，但姜星磊却不知道为什么要这么做。

慢慢地，姜星磊就对数学失望了，尤其是一次考试失利之后，姜星磊就完全对数学放弃了。

现在，一节数学课，即便姜星磊集中精力听，但就是听不懂，听不进去。老师讲的数学，不知为什么，在他看来就像是另一个世界的

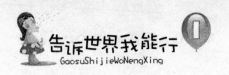

事情。

我成不了爸爸期待的数学高手

9岁的雷夏在给知心姐姐的信中写道：

知心姐姐，暑假到了，我是既高兴又发愁。高兴的是可以和伙伴们痛痛快快地玩，发愁的是每晚都要做一堆很难很难的奥数题。

爸爸小时候数学很好，因此，也希望把我培养成数学高手，所以常给我出奥数题。

可是，我从上一年级开始就愁数学。每次上数学课，我就没精打采，想着什么时候才能下课。爸爸给我布置奥数题，我根本找不到头绪，就只能看着表针跳，想象着爸爸回来训我的场景。

知心姐姐，为什么数学家们总是能不费吹灰之力就可以解出一道道难题？已经对数学失去信心的我，能够实现爸爸的愿望，成为数学高手吗？

 心灵困惑

 ★

孩子的困惑

一年级的房莫：别人一看就知道答案，我想半天还不明白。我真的这么笨吗？如果我努力，能不能学好数学呢？

三年级的尹乐琴：妈妈常说我像她，妈妈小时候也是语文挺好，数学不行，我是不是没有学习数学的细胞呢？

五年级的吴思柔：我喜欢语文，对数学根本没有兴趣。但是，数学又不能不学。难道非要喜欢数学才能学好吗？

父母的困惑

凌先生：我儿子今年 8 岁，上小学一年级，期末考试数学考了 68 分，很多带有逻辑分析性质的题做不出来，老师说孩子上课注意力不集中，不会独立思考问题，我该怎么办？

白女士：孩子虽然擅长加减乘除的基本算术，但是只要出现应用题时，他就认为很难，所以数学成绩较差，因此对数学没有信心，也失去了兴趣。我要不要给他报个课后辅导班？

莫先生：女儿刚上小学时，数学成绩还是优秀，到了三年级，变成了良好。现在到了五年级，数学成绩竟然只是及格，总成绩成了倒数第五。现在女儿对语文的兴趣浓厚，她说自己不是学习数学的料。偏科这样严重，该怎么让她"扬长补短"呢？

 答疑解惑／关于数学的那些事

★

每个孩子都有一个发愁的科目，而且，大多数人发愁的就是数学。

但是，不学数学又实在不行。因为数学被称为"科学的皇后"，它是学习科学知识和应用科学知识必备的工具。可以说，没有数学，我们也就不可能学好其他学科。

数学学不好的人分为三种：一种是不爱学的，对数学没有兴趣；一种是不会学的，知道公式但不会用；还有一种是觉得自己学得很好，但考试总考不好。

不要灰心，现在我们还小，接触的数学知识还不多。如果现在能重视数学，掌握正确的学习方法，学好数学很简单。

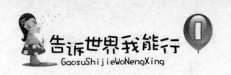

爱上数学，兴趣是动力，信心是力量

我们可能很难理解为什么数学家陈景润能在枯燥无味的数字世界里废寝忘食。其实，这就是兴趣引起的动力。但是，我们在学习的过程中因为各种各样的原因丧失了兴趣和学好数学的信心，比如，讨厌数学老师、数学考试失利被父母责骂、上黑板做错题丢面子了等。

很难想象一个恐惧数学的人能学好数学，如果想培养兴趣，那么就要在数学上找到值得你喜欢的地方。

另一个爱上数学的办法是有钻研的精神，有非学好不可的韧劲。在深入钻研的过程中，可以领略到数学的奥妙，体会到学习数学获取成功的喜悦。长久下去，自然会对数学产生浓厚的兴趣，并激发出学好数学的高度自觉性和积极性。

建数学大楼要打好基础

数学不像语文、自然等科目那样，可以仅用我们已经掌握的语言来学习。如果我们不理解数学的基本概念、公式、定理，就会像不识字的人一样难以继续学习，因此打好数学基础非常重要。

如果我们连九九乘法表都不熟悉，就从背九九乘法表开始吧，不必为三年级学习一年级的内容而惭愧。因为，从简单的内容入手，逐步培养对数学的自信，慢慢地，我们就可以将目前正在学习的数学问题轻松解决了。

要做题练习，但不必题海战术

很多人会觉得学数学嘛，就是解题，题目做得越多，数学成绩就会越好。这种认识对不对呢？对，但不完全对。

数学不像别的科目，一天不练就会生疏一些。当天的内容一定要当天复习和做题练习，否则时间一长就容易忘记。老师布置的练习一定要完成，如果还有余力的话，就可以找课外题来做。

我们常常觉得自己会做了，但是一做就错，粗心大意！这些都是手懒、眼高手低的毛病。所以，多做题可以减少这种错误。

一个要点是不要间断，坚持每天花一点儿时间在数学练习上，把今天讲的学会，记牢，慢慢地就会有所提高。

像数学那样思考

为什么有许多同学英语、语文成绩很不错，数学题目做得也不算少，但就是数学成绩不好呢？很重要的原因是没有总结，缺少数学的思维。

学习数学，重要的不是获得答案，而是寻找答案的过程，也就是应用概念和原理去解决问题的过程。

 写给家长的话／兴趣培养，胜于指责 ★

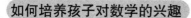

如何培养孩子对数学的兴趣

培养孩子对数学的兴趣，最好的办法是买一些小学生的趣味图画和一些简单的数学兴趣习题给他。多和孩子做一些数字游戏。

司晨不爱学数学，父母常因此说他，这让他更加不想学。后来，当老师的姑姑给司晨留了几道趣味数学题。当司晨用了好长时间做出正确答案时，他非常非常兴奋。从此，他就爱上了数学。

学好数学的信心来自鼓励

孩子数学不好，家长不能大加指责、埋怨，说他笨。信心很重要，

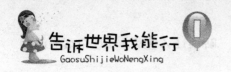

一旦说他笨，一辈子都学不好数学，那可能他真的就放弃数学了。

　　小学二年级时，因为有几道计算题做错了，卢静被数学老师叫到办公室里订正。因为办公室里有其他老师在，卢静觉得紧张，订正后还是错了。数学老师就严厉地批评她，还说她这个样子学不好数学。从此，卢静开始对学习数学有了恐惧心理。

　　孩子对数学没信心，家长得鼓励他，做对一道题也得鼓励、表扬、夸奖，如果可以，最好跟老师沟通让老师上课提问他些比较简单的数学题，答对了他的自信心就有很多增长。

　　大多数人可能会让孩子上奥数班补习或提高。其实，对于那些数学学不好的孩子，这种"提高"是不需要的，打实基础，巩固基础才是最重要的。奥数的难度会打击孩子的信心和积极性。

我考砸了，不想回家

 经典案例

没考好，我不敢回家

许楠今年上二年级，平时学习成绩很好。但是，周三上午老师公布的小测验成绩，他只考了 77 分，这让许楠十分难受。

"没考好，回家后妈妈肯定会骂我，这可怎么办呢?"许楠有点儿害怕。中午放学后，许楠没敢回家，而是在路上漫无目的地走。走着走着，许楠就迷了路，到了很陌生的地方。幸好，一位开出租车的叔叔好心把许楠送回了学校。

妈妈说考不好就别回来

于妈妈晚上 6 点多回家却不见 12 岁的女儿婷婷。打了电话问老师，于妈妈才知道学校中午就已经放假了。于妈妈越想越担心，出门寻找女儿，甚至还报了警。

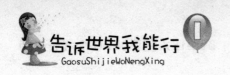

民警叔叔在小区的一个灌木丛里发现了一个双手抱着膝盖、书包放在一旁的孩子，正是婷婷。

原来，上周的一天，婷婷和妈妈吵了架，正在气头上的于妈妈就对女儿吼："你就知道玩，这次期末考试要是没考好的话，你就别回来了。"

而婷婷这次的期末考试确实没考好，想到妈妈的那句话，婷婷就不敢回家，即便又冷又渴，她只能躲在灌木丛里。

 ## 心灵困惑

孩子的困惑

一年级的方翰：我考了低分回家，妈妈指着试卷上的题目问："你是缺钙还是缺心眼儿，这么简单的题目也不会做？"我本身就很难过了，妈妈怎么一点儿也不理解我呢？

四年级的徐默蝉：以前我考不好，就跑到外婆家，外婆会安慰我。可是自从外婆去世，我就再也没有地方可去了，我不想回家。小学生为什么要考试？为什么考不好回家要被家长骂？

五年级的沈春宴：我一直是个要强的人，不想让父母失望，我家条件也不太好，我是他们唯一的希望，这次回家却带着一塌糊涂的成绩，感觉好羞愧。我怎么回去对我爸爸妈妈说呢？

父母的困惑

谭女士：孩子考差了，总是忍不住会说孩子几句。特别是开家长会的时候，老师要是点名提到了自己的孩子考得不好，回家之后，我会一直责骂孩子。但是，就因为这孩子就不想回家吗？

姚先生：我曾经因为孩子考试没考好，把他关在家里一个暑假，希望他能好好学习，结果却适得其反。现在，每次孩子考差，我心里也很着急，但是又不知道该怎么办。

 ## 答疑解惑 / 考得不好也要回家

"不回家"是下下之策

考试考得不好，不想回家，或者是怕爸爸妈妈失望，或者是怕挨打，或者就是觉得丢脸。

但是，我们不可能每次考不好都不回家，不回家只是一种逃避的行为，解决不了真正的问题。况且，不回家，在外面逛，很有可能会碰上坏人，受到伤害。

不要将爸爸妈妈的气话放在心上

其实，爸爸妈妈并不是不爱我们，只是他们太过于"恨铁不成钢"，希望我们更加出色一些。

生气的林霜数落了没考好的儿子。看他垂头丧气的，林霜心里很是难受。她知道孩子压力大，学校里管得紧，作业多，做完作业想玩一下也无可厚非，可是想到儿子现在的成绩，她觉得自己免不了要阻止或者缩短孩子的玩耍时间。

林妈妈在博客里写道：儿子，妈妈不是狠心，这个社会竞争激烈，如果不好好学习，今后走上社会的起点就会比别人低，发展不好，一辈子都辛苦。何不现在多辛苦一点儿，以后有个好的生活呢？爸爸妈

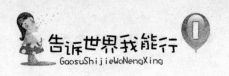

妈都是为你着想……

对于爸爸妈妈的这种心理，我们要尽量理解，并且不要把他们气头上所说的"考不好就不要回来""考不好就不是我儿子"这些话当真。他们是爱我们的，只是方法不对。

告诉爸爸妈妈我们的心里话

面对考试不理想的现实，和爸爸妈妈好好沟通，才是比较好的办法。

比如，我们可以这样说：爸爸妈妈，这次没考好，我知道你们肯定要失望了。其实，我也好希望像班上学习好的同学一样，每次拿个好成绩回家，也让你们的脸上有光。可是我发现，有时我越想考好越考不好，回家后你们还冷脸对我，让我心里更难受，有时我都不想回家了。

当然，我们还可以告诉爸爸妈妈，自己一定好好准备下一次的考试，继续努力。

 写给家长的话 / 孩子考砸之后…… ★

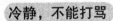

冷静，不能打骂

孩子考得差时，父母千万要保持冷静，一看到孩子考了低分，不问青红皂白，就把孩子臭骂一顿，甚至拳脚相加，吓得孩子以后再也不敢把低分试卷拿给家长看。久而久之，孩子就会出现这种思维：考不好回家就要挨打，那就不回家。或者，只有考得好爸爸妈妈才爱我。

如果家长不想在凌晨才在一个角落里找到自己的孩子，那就要慎言慎行，不要伤了孩子幼小的心。

和孩子一起分析考试失利的原因

孩子考试失利，有很多原因。比如，每道题都有难度系数，卷子也有。孩子考得不好，可能是因为卷子本身就比较难。我们要从老师那里了解一下情况。或者，孩子的成绩没有上次好，但是他的名次可能提前，不能只看成绩，反之亦然。而且，孩子的素质不可能在某一次或几次的考分上就全面反映出来。家长要多鼓励孩子，这有利于孩子的学习进步。

家长还可以和孩子一起分析卷子，比如，这道题是知识点没记牢，那道题是笔误、马虎等。分析之后，找到薄弱点，强化和丰富就好了。

关注孩子的其他潜能

作为家长，不但要注意孩子的考试成绩，还应该关注孩子的一些潜能。比如，有的孩子虽然学习成绩不好，但是在体育、艺术和科技创新等方面有专长。此时就应该把学习成绩看得淡一些，鼓励孩子发挥他们自己擅长的方面。

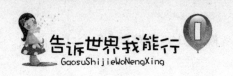

第一次被老师请家长

经典案例 .... ★

差一分，老师要见我妈妈

秦燕一直是班里的好学生，每次家长会班主任总会夸奖她，学习好，人乖巧。

因为假期出游，心还没收回来的秦燕数学测验只考了 79 分。按老师要求，没到 80 分就要请家长。

看着红红的 79 分，想想爸爸妈妈失望的表情，再看看周围同学窃窃私语的画面，秦燕心里的羞愧、害怕、后悔、着急，搅成了一锅粥。

放学后，秦燕磕磕巴巴地给妈妈打电话，说了请家长的事情。当老师板着脸跟妈妈说情况时，她就只有盯着地面，不敢看妈妈的脸色。

回家的路上，秦燕低着头，对妈妈说："妈妈，对不起，我今天留校了，还弄得你非得来学校见老师。我下次一定不这样了。"秦妈妈很生气，说："你这次怎么考得这么差？到底有没有用心？还叫我去挨你们老师的批评？"

晚上，秦燕在日记里写道：这是我第一次被请家长，原来这么难受。难过之余我也很疑惑，这件事我完全可以以后认真改正，为什么一定要请家长呢？难道老师不知道，让家长出面事情只会变得更糟吗？

 ## 心灵困惑

孩子的困惑

二年级的刘涛：就是因为我作文字数没写够，而且字写得不好看，老师就要请家长。这太小题大做了吧。我又不是天天这样。终于有点儿了解到那些常常被老师请家长的同学的苦恼。

四年级的章朝阳：今天在学校上课睡觉了，班主任要请我家长，我期中考试成绩还瞒着我爸爸呢。要是把爸爸请来我该怎么办？为什么我不小心上课睡个觉，就要请家长？

六年级的耿武：同学欺负我，我冲动之下和同学打了架。老师让我叫家长，怎么办？难道叫了家长就一定能解决问题吗？

父母的困惑

郝先生：我儿子不爱写作业，因此我成了学校的常客。可是请我去又有什么用，儿子因为第一次请家长的事情伤了自尊心，越是让我去，他越叛逆。孩子现在是不怕了，我在单位却颜面尽失。我总不能因为老师的电话总是请假吧，别人会怎么看我？

魏女士：上学才一周，孩子老师就给我打电话，要我到学校见一

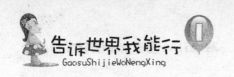

面。这是典型的请家长呀,孩子到底做了什么"好事"竟然会被请家长? 我从小到大都是乖宝宝,除了例行的家长会,还没被请过家长呢,没想到这一次竟然扮演的是被请的角色。

 ## 答疑解惑 / 如何不再害怕"请家长"
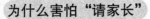

为什么害怕"请家长"

作为平时比较乖巧的学生,若是突然被要求请家长,还是因为不好的事情,那自尊心肯定会受伤的。比如,觉得突然失去了老师的信任和肯定,会给爸爸妈妈脸上抹黑,让自己的父母去学校很没面子,会被同学看不起,等等。

当然,我们也很担心爸爸妈妈在听完老师的"数落"之后,会把怒气发在我们身上,批评或惩罚我们。

于是我们不敢说,也不想说,就希望老师忘了这件事,让时间快点儿过去,让这件事最后不了了之。即使有什么后果,我们也希望,这件事完了之后再说。

老师为什么要"请家长"

很多孩子可能会疑惑,为什么一件本来很小的事情,根本用不着请家长,老师却兴师动众非要叫爸爸妈妈来呢?

一部分原因可能是老师在警示我们。当然,还可能老师觉得事情比较严重,需要通知到父母。或者我们的认错态度不是很好,表现出不服气,老师就希望通过父母的权威让我们变得乖巧一些。

"请家长"作为老师和爸爸妈妈的沟通手段,本身并无错误。对于老师和父母的沟通，我们要尽量积极地看待。

试着请老师先和我们谈一谈

如果我们知道老师请家长的原因，而且，这些原因还不是因为经常不完成作业，一段时间情绪出现波动、出现青春期反应、逃课、打架等。那我们可以尝试着和老师谈一谈，学着自己处理。只要态度诚恳，相信老师也会原谅的。

比如，因上课睡觉老师要请家长。我们就可以很心平气和地和老师谈一谈，对他说："这件事是我错了，错在不该……犯错的原因是……我从现在开始会努力改正错误，做到……请老师不要叫我爸爸过来。如果下次再犯，我会主动请爸爸来见老师。"

当然，如果老师执意如此，我们可以告诉老师因为自己被请家长的真实后果，妈妈责骂，爸爸棒打，等等。希望老师能体谅我们。

向父母表明改正的决心

如果老师希望见家长，那就放平心态，把实情告诉爸爸妈妈。然后，和他们做个承诺，说明自己的打算和目标。家长都会明白，成绩和过错只代表过去，只要努力、付出就会有收获的，相信自己并付出行动吧，下次给家长和老师一个惊喜。

 写给家长的话／"请家长"是教育的契机 ★

"请家长"，最好要去

老师"请家长"，在通常情况下，是孩子在学校犯了错误。一些人不愿意到学校去，觉得丢人，其实这种消极的回避态度对教育孩子没

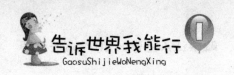

有好处。甚至，可能让孩子觉得反正爸爸妈妈也不管，犯错误无所谓。

其实，"请家长"对家长来说，是一个教育契机。可以借此机会走访班主任、授课老师、孩子的同学，全面了解孩子在校的情况，可以对孩子进行针对性的家庭教育，让孩子健康成长。

所以老师找家长，最好要去。尤其是小一点儿的孩子，可能不会完全理解自己所犯错误的后果，需要家长和老师一起引导和帮助。

现在，因为孩子，家长和老师的交往相对多了一些，如果和老师关系处不好，也会间接造成孩子和老师之间的对立，让孩子的学校生活蒙上阴影。因此，家长要树立家校联合意识。

要冷静，问清缘由，延迟判断

没有调查就没有发言权。当事情发生，家长不要偏信孩子或老师，只听一面之词。要沉着冷静，全面了解情况之后再做判断，不随便指责。

心态平和，给老师、孩子留些余地

孩子没表现好，还被请家长，心里肯定很害怕，心想父母一定会批评或惩罚他。如果孩子的确错了，比如上课睡觉，或者和同学说话，作业做得不好，考试成绩下降，等等，父母不要当着老师的面批评孩子，或者当众责骂。孩子也有自尊心的，要多看孩子好的一面，多鼓励孩子反思自己，改进自己。

回家之后，家长可以平和地和孩子一起找原因，分析失误，总结经验。这样孩子会逐渐端正自己的态度。

如果老师在教育孩子上的确有些失误，由于事情复杂，判断失误也是难免的，家长也不要毫不留情地责怪老师，可以委婉地说明情况，让老师明白事情的原委。

只有考上好中学才会有出息吗

经典案例

难道只有上好的学校才有前途吗?

12岁的龚琳琳在给知心姐姐的信中写道:

知心姐姐,你好!从我一上六年级,爸爸妈妈就不许我出去玩。有时,我做完作业想出去活动一下,妈妈就把我叫住,厉声地说:"你现在还有心思玩呀?要是考不上重点中学,看你怎么办!"

知心姐姐,我知道爸爸妈妈望子成龙、望女成凤没有什么错。可是,我想问,是不是只有考上重点中学才有前途?考不上一所好的学校的人前途就一片黑暗了吗?要是我以后真的考了普通的学校,怎么办?

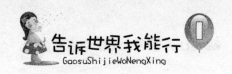

 心灵困惑

孩子的困惑

三年级的耿洛洛：我妈妈就坚信"万般皆下品，唯有读书高！"的理论，希望我能先上个好初中，再上个好高中，最后考上个好大学。真的只有不断上好学校才能有好的未来吗？

五年级的水澜：我爸爸天天督促我抓紧学习，说我要是去那些不好的学校，就我这德行，肯定没出息。难道只有上大学才算有出息吗？

六年级的冉飞：我不是学习的料，我跟爸爸妈妈说想考职高学点儿技能，可爸爸妈妈却因此打了我，骂我没出息。难道人生最美好的年华只能用来读书吗？我真的迷茫了。

父母的困惑

姜先生：我跟孩子说只有好好学习才有出息，可是孩子却顶嘴，说："人家刘邦不学无术还当了皇帝，比尔·盖茨还中途退学了呢。"孩子越大越不好教，该怎么让他努力学习，不想这些没有借鉴意义的？

毕女士：我孩子 12 岁，早熟，孩子爸爸去世早，我养家的压力很大，所以孩子想早点儿出去工作。尤其在我们农村，不上学但长大后有本事的也不少，孩子自然也就不想学了。我是不是该同意孩子的选择呢？

答疑解惑 /
学习并不是唯一的出路，但学习很重要

"考不上好初中就没有前途" 不是绝对的

爸爸妈妈常对我们说："你如果考不上好的初中就上不了好的高中，上不了好的高中就没有好的大学，没有好的大学就没有好的工作，没有好的工作，以后你吃不吃得上饭都是个问题。"

其实，爸爸妈妈的这些话是有些危言耸听，事情根本就没有那么绝对。

如果我们考上的是非重点中学，也未必就没有前途。因为上中学所用的课本是一样的，学习的内容也一样。而且，非重点中学的老师的水平，总体上也和重点中学的老师大体相当。

事实上，有不少上普通初中的孩子在中考时却考入了很好的高中，一些在所谓好初中就读的孩子在中考时却落到了普通高中。而且，就算我们以后考不上非常好的大学，也可以通过多种途径进行深造，关键还得看自己的努力。

好中学确实也有好处，但不适合只会变糟

要说重点中学和普通中学有什么差别的话，那就是重点中学里学习成绩好的同学多一些，学习氛围更浓郁些，在这个环境里，同学们都一心向学，久经熏陶，我们的进步也会相对大一些。

因此，如果有能力，我们的确应该尝试去考好一些的中学，进一步提升自己。

如果我们的基础不牢，成绩也不拔尖，到了好学校，可能就汲取

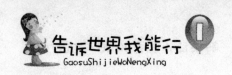

不了所学的知识，在与同学的竞争中总是处于下风，那样慢慢就会自卑消沉。即便进入了好中学，也是枉然。

选择中学，什么是最好的，适合自己的才是最好的。假如我们进入一所合适的学校，适宜的学习任务能够帮助我们在心理上找到成就感，逐渐对学习产生挑战的欲望。所以说，适合自己的学校才是最好的"名校"。

"小升初"的压力太大，逼着父母这样说

我们身上背负着"小升初"的压力，而父母比我们还着急，压力也更大。为了让我们的人生道路顺利平坦，爸爸妈妈绞尽脑汁，费尽心力，想把我们送到好学校接受更好的教育。而这种爱和压力，让爸爸妈妈不得不动用多种方式，让我们意识到升学的重要，并重视起来。

当下，认真学习是我们最重要的事情

有没有前途，关键是看自己是否努力。作为学生，认真学习就是我们当下最重要的事情。不管以后考什么样的中学，都应该从现在开始好好学习，打好基础。

当然，不要不分日夜玩命地做习题，那样做只会损害健康，降低学习效率。应该按照科学规划，有条有理、劳逸结合地复习功课，这才能考出好成绩。

写给家长的话／

面对"小升初"，不要"加压"，而要"减压" ★

这些话，给孩子"加压"

孩子升学，作为父母自然有压力，甚至我们比孩子还着急。但是，

这种着急和压力不应该再施加给本已经无力负担的孩子。

作为家长，在孩子小升初时，尽量不要说以下这些让孩子不舒服的话：

要毕业考了，不许玩，不许看课外书，不许做与学习无关的事！

你看看别人考几分，你呢？同一个老师教的，你也不比别人笨，怎么就是考不好呢？

就靠你现在这样，什么好学校都不能进，只能去些普通的，到时你连高中都考不上，这样下去，你只能去干……你想想，你到时总担心下一顿是否有的吃，你的日子会很难过。

你一定要好好学习，一定要考个好中学，不能让我们失望，给你的爸爸妈妈争光！不能再想着玩了，好好冲刺一把！

孩子才 12 岁，是敏感而不成熟的，还缺乏自信。此时，如果受到这些暗示和压力，就可能导致他们对自身无法做出客观的评价，甚至由于各方压力而产生焦虑感，这对考试是十分不利的。

择校：只有适合孩子的学校，才是孩子独一无二的"名校"

重点中学，好中学，固然是每个人都向往的，但如果家长千方百计地让孩子进入一所与其实际水平不相符的名校，让孩子每天辛苦读书，还赶不上班级的平均水平。那长久以后，孩子在这样的环境下可能慢慢形成内向、自卑的性格。

我们要冷静地对待择校问题，了解自己孩子的能力，先和孩子商量，千万不要摆家长作风，强制孩子去考这考那。

不做"变态娘"，而要给孩子解压

残酷的竞争压力让家长忙碌不休，孩子上学、升学等一连串问题

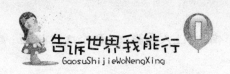
让家长操碎了心，虽然看着孩子辛苦，也不忍心，但面对压力，还是催着孩子追赶别人。这样的家长在孩子心里就是"变态娘"。

不要把考大学是人生的唯一出路这样的思想传授给孩子，一旦他接受了，一心一意努力奋斗却失败了，那他很可能会崩溃。

要根据孩子的实际给孩子制订合理的奋斗目标。不能为了让孩子学习，这也不让干，那也不让干，这只会让孩子更加压抑。

安排足够的休息和娱乐时间。休息不好，影响孩子的健康成长，学习效率也不可能提升。和孩子一起做游戏或者让他参加喜欢的运动等，就可以使孩子沉浸在快乐的事情当中，压力就会被抛到九霄云外。

如果我不上校外班，被别人落下，那就惨了

 ## 经典案例 ★

挺烦挺累，但怕被落下

小学五年级的景峰现在每周一、周五下午参加作文辅导班；周三、周六、周日下午参加数学奥林匹克竞赛班；周六、周日上午参加外语班。有时候为了赶上课，他和妈妈常要在路上吃饭。

说起为什么要上校外辅导班，景峰也不很明白。还小的时候，是爸爸妈妈给报的，说是多学点儿好，于是就去学了美术、音乐等。

现在，景峰不想上也没办法，因为同学们都在上校外班，自己如果不上就可能被落下。

而且，景峰说："期中、期末考试各科都有附加题，参加校外班后经常能答对，看别人没答出来，自己有时挺骄傲的。"

不过，景峰还是承认有时自己真的挺烦，也觉得挺累的。比如，

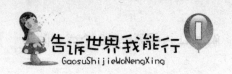

上数学班，一些题到最后他也没弄懂到底是怎么做出来的，有时都不想学了。但，看到别的同学都和他一样，他心里也就平衡点儿了。

景峰说："如果别人上校外班，我不上，被他们落下来，就惨了。我妈常说，好学校和一般学校教学质量差很多，如果我能通过自己的努力上一所好中学，即便累点儿也值得了。

不过，有时候我也会想，要是大家都不上辅导班就好了，这样我们谁也不用补那么多课。"

 ## 心灵困惑

孩子的困惑

一年级的许鹿：刚上一年级，老师就在两个月里讲完了拼音，我和很多同学都感觉没有学会。结果，老师却问我们上过拼音班吗？要没上过的，自己去报校外班，否则会跟不上。我不懂，真的要报校外班吗？

二年级的宁丹丹：同学们都上英语班，上英语课我发现同学会的单词我不知道。于是我就对妈妈讲，要上校外英语班。虽然不想把玩的时间减少，可是真的没有办法。要想不被落下，我还有别的路可以走吗？

六年级的叶昙：快要升初中了，我的学习成绩还一般，都怪我平时不努力。妈妈为我报了很多补习班，每天都是满满的。可是我又难受了，难道一定要补习那么多课吗？真矛盾。

父母的困惑

石先生：孩子不想上补习班，可是别人家的孩子都在上，我们也不能被落下。现在竞争激烈了，我们想给孩子减负也不成了。到底上辅导班好不好呢？

乔女士：我本不想给孩子报班，觉得没必要，还很贵，又累人。可是，孩子有一天回来说以前一个成绩不好的同学超过了他，因为对方报了辅导班。这下孩子也吵着要报辅导班，难道不想上还不行？

 ## 答疑解惑／按需要决定是否需要上辅导班

什么样的孩子可能需要报课外辅导班

如果我们的基础很薄弱，落后学习进度很多的学生，在学校常有被老师"拖着走"的痛苦与无奈，往往在大考来临时一筹莫展，那就可以通过辅导班去进行系统的复习或补课。

我们都希望自己更优秀，但随着进入更高年级，课业负担的增加，学习成绩平平、学习压力大，甚至会引起消极、自卑等问题，那我们尝试在辅导班里学些技巧，重拾自信也未尝不可。

如果本身学习就不错，还有余力想学的更多，可以通过参与数学和英语竞赛巩固自己的竞争地位。

还有一些自控能力一般，学习行为比较被动的，这样的孩子可能被父母要求上辅导班，希望能在那里巩固知识，学会主动学习。

自己选班上课才快乐

如果要报辅导班，我们要根据自己学习上的需要来慎重确定，不要一下子参加好几个辅导班，这样很累，也会打消我们的学习积极性。应该尽量穿插开学习的时间，给自己一点儿空档。

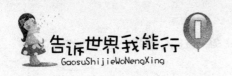

选班的时候我们要选老师水平高、上课比较活泼的。不要全权交给爸爸妈妈决定，我们要去试听，看看是否适合自己。多试听几次再确定，这样至少可以选个好班。

是不是辅导班的每节课都要去上呢？不一定。我们要根据自己的学习进度和知识理解程度决定是不是要去。如果自己这个知识点已经是满分了，那就不去。如果还差点儿火候，就一定要去。学校课程松了，那辅导班就常去一些。

不要抱着"交了学费，不去浪费了"的想法，去了学无所获，更加浪费，还不如利用这点儿时间娱乐或者休息。

不报辅导班也能成才

其实，如果上课认真听讲，认真完成作业，能预习和复习功课，有不懂的地方及时问老师，甚至能自主学习，那就可以不上辅导班。

不上辅导班，我们就拥有了充裕的时间，就可以享受童年的独有乐趣。如果想提高自己，不妨用这些时间学习自己喜欢的游泳、篮球等，多看课外书籍，研究自己喜欢的兴趣爱好。

这些虽然和学习成绩不直接挂钩，但对我们的成长和人生的丰富很重要。

 写给家长的话／正确看待辅导班 ★

上校外辅导班，可能造成孩子"过劳"

休息、玩乐对于孩子来说很重要。在学校课堂和校外辅导班来回奔波，该休息的时候得不到休息，长年累月，就是大人也会疲惫不堪，孩子稚嫩的身心更是承受不起。

现在，很多中小学生处于"过劳"状态，过于努力学习，可能造成孩子的厌学情绪，还可能造成抑郁、强迫、焦虑型人格。

孩子的童年生活应该无拘无束、充满欢乐。如果为了多学一点儿知识而牺牲掉童年应有的欢乐，那孩子的童年是有缺失的。孩子累了一个学期，家长应该给他们点儿时间好好放松一下。

上不上辅导班，征询孩子意见

如果孩子学习的自觉性和学习能力比较强，那大可不必上那些文化课辅导班。如果孩子很被动，属于赶不上学习进度的，可以在征询孩子意见的基础上，选择辅导班，但尽量不打疲劳战。

家长熏陶，有时胜于校外辅导

家长是孩子最好的老师。如果家长能够坚持业余时间读书学习，以自己的言行来感召孩子，以家庭的学习氛围来熏陶孩子，那对孩子的影响是非常积极的。尤其在引导孩子形成良好的学习习惯方面，还会有校外辅导班无法比拟的优势。

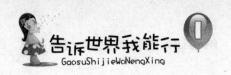

31

妈妈给我报了钢琴班,
但我不喜欢

经典案例 ★

用尽"离奇"办法只为逃避钢琴班

7岁的郭明帅刚上一年级,不过,他的兴趣班可不少。钢琴课是每天必修,还有一周两次的"珠心算",以及一周一次的"科学班"。

一提起钢琴,郭明帅总是一脸的不悦。他对钢琴根本一点儿兴趣都没有,只是因为妈妈喜欢,他才被逼着上的。

为了逃避这个让他讨厌的钢琴班,郭明帅想出各种各样"离奇"的办法。刚开始,他总是在上课到来前"肚子疼",想拖延到晚上七点半之后,因为一旦过了七点半课程就会取消。不过他的谎言渐渐被爸爸妈妈识穿。

后来,郭明帅变成到琴房后开始"肚子疼"。这样,他就可以躲进琴房的洗手间,待上十多分钟,减少练习的时间。几个星期之后,老师向他妈妈"告发"，他只能再想其他办法。

郭明帅不懂，兴趣班到底是谁的兴趣。

我最讨厌读各种兴趣班

11岁的顾宸本想周六睡个好觉，可是，一大早顾妈妈就用"狮子吼"把他叫醒了："快点儿，都7点了，作文班要迟到了。"一阵手忙脚乱之后，顾宸被送到了少年宫。

作文课上，老师在前面分析大家的作文，顾宸在后面一直看表，还嘟囔着，怎么这么慢。离下课还有半分钟时，他就听到同学们低声倒计时了："30、29、28……1、0。"

吃过午饭，顾宸刚打算看一会儿电视，妈妈马上把电视给关了，"赶紧整理一下，下午学奥数啊。"顾宸不情不愿地起身。

晚上，顾宸对妈妈说："我学那么多东西，都快累死了！我不想上兴趣班。"顾妈妈说："妈妈也是为你好，你看别人不也是这样才考上重点中学的吗？"

顾宸不明白，明明这些东西我在学校都学会了，为什么还要浪费钱再学。再说，没兴趣，多上几次就能有兴趣了吗？

心灵困惑

孩子的困惑

一年级的彭欣：我喜欢在小区玩滑板，不喜欢成天坐教室里上课。可妈妈总想让我乖乖不动。难道长大后回忆童年，别人都五光十色，只有我的是灰色的教室吗？

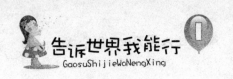

三年级的迟东升：为了"护送"我上课，妈妈每天早早下班，节假日从不安排活动。我不是不理解她的苦心，可是我真的不想学这些。为什么爸爸妈妈报班之前从不问我呢？

五年级的陈建斌：我妈妈很好强，就怕自己的孩子不如别人。暑假我决定去郊区的外婆那里玩。妈妈死活不同意，一口气给我报了英语、奥数、钢琴、绘画等好几个兴趣班，几乎天天有课，有时连晚饭也要路上吃。

我跟妈妈说，我想停掉两个班，妈妈听了以后大骂，说我没出息，现在不多学习几门本领，将来上中学，你凭什么跟别人竞争？难道我就得永远学习，没有休息和娱乐的自由？

六年级的井淼：我说要去学打乒乓球，爸爸说，那没出息，非要让我学画画。我讨厌颜料的味道，爸爸怎么就这么不民主呢？

父母的困惑

司先生：社会竞争越来越激烈，如果不从小打好基础，让孩子拥有一两门特长，孩子今后怎么在激烈的竞争中脱颖而出呢？

白女士：别人家的小孩子都报了各种各样的兴趣班，如果我的孩子不学，就会落在别人后面了。孩子却只想着玩，还怪我剥夺他的快乐。我做什么不都是为他着想吗？

秦女士：舞蹈可以锻炼形体，国际象棋可以培养思维能力，而英语成绩一般的女儿可以在英语培训班上补一补。虽然有点儿累，但对女儿今后的发展会起到扬长避短的作用。孩子怎么不懂我的苦心？

方先生：我女儿从小就学习芭蕾，而且在幼儿园的表现一直很好，还是芭蕾班里的小老师，可最近半年她一直对学芭蕾有抵触情绪，还偷偷说："我不想学芭蕾了，我喜欢幼儿园的舞，不喜欢芭蕾。"我该怎么办？

 答疑解惑 / 如何看待兴趣班

为什么父母要我们上兴趣班

我们的父母花那么多钱，费尽心力接送我们去上兴趣班，是因为他们希望自己的孩子活得比自己幸福。

虽然我们也不开心，但是这个行为本身包含着爸爸妈妈对我们的关心和希望，这一点，我们应该理解，全盘否定父母的做法会伤他们的心。

另外，父母之所以在这个时间让我们学习这么多东西，是因为这个年龄段正是学习文化知识、掌握技能的最佳时期，爸爸妈妈当然希望我们珍惜时光，多学本领，从此不落后。

数一数上兴趣班的好处

兴趣班也不是一点儿没有用。我们会跳舞，别人不会，这会令自己自信大增。

我们平时认识的小朋友不多，在兴趣班里还可以结交很多好朋友。

如果我们本身有音乐天赋或潜质，浪费了多可惜，说不定通过练习就能成为小天才。

有些人腿有点儿弯，腰不直，通过练舞蹈就可以纠正过来。这样我们以后就能很挺拔了，不会被笑是"小罗锅"。有些人比较好动，根本坐不住，在课堂上总是挨老师的批评，去学学画画，不但可以把周

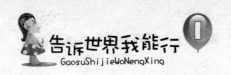

围美好的东西画在画布上，还可以让我们坐得住，有耐性。这样老师也不会批评我们了。这不是很好吗？

当然，如果兴趣班本身就是我们喜欢的，那就更应该去了。想一想，经常可以做自己喜欢的事，不是很快乐吗？

报班时，和父母表达自己的意见

在报兴趣班的时候，我们可以跟父母心平气和地谈。首先表明我们知道爸爸妈妈这样做是为了我们好，我们也想学一些东西。只是，希望就一些问题再商量一下。

如果课程并不是我们喜欢的，可以和父母表明自己的看法，告诉他们那是我们的兴趣，会好好学习，以后有什么用处。

如果课程安排比较多，可以告诉父母这样太累了，效果也不好。适当减少两个就比较均衡了，否则就可能引起厌学情绪。

和爸爸妈妈沟通的时候，尽量用道理说服他们。最好让爸爸妈妈感觉我们的话有道理，而不是偷懒不热爱学习。

畏难时，多坚持

即便是我们感兴趣的内容，也可能在学习到一定阶段后，就觉得很苦，很枯燥，难以坚持下去，因而产生"不想学"的情绪。

这种时候，我们要给自己点儿信心，想象一个美好的未来，把眼前这些压力化解掉。当然也可以跟老师和爸爸妈妈说一说自己的烦恼，让他们帮你出出主意。不过，谁都有畏惧困难的时候，坚持一下，就又能体验到成就感了。

写给家长的话 / 把兴趣班的选择权还给孩子

兴趣班，顾名思义，是以孩子的兴趣为前提。如果孩子不感兴趣的事，即使父母站在为孩子着想的角度积极谋划，也是没用的。强扭的瓜不甜，不能把自己的想法强加给孩子。把报兴趣班的目的还原，只从让孩子快乐的角度出发，那就没有什么好烦恼的了。

不要为了圆自己的梦而为难孩子

很多人把孩子当成自己梦想的继承者和延续者，想让孩子去学习自己以前想学却没能力学的，或者想让孩子在自己擅长的方面也有同样的成就。

这种行为一般很难得到孩子的响应。就算孩子为了孝顺父母，压抑天性决定去学，但若实在没兴趣，他也不会快乐。

以后的人生是孩子的，父母没有决定权，只有参与权。一切以孩子的兴趣为主，孩子喜欢什么，只要是有益的，那就创造条件让他去感受，父母若喜欢孩子的兴趣，愿和他一起"苦中作乐"，那就能收获更多快乐。

让孩子自己选择上什么兴趣班

兴趣就是动力，孩子感兴趣的事情，他们是可以坚持的，不需要家长去鞭策。而一个他根本就不感兴趣的活动，为什么一定要逼他去做呢？没有一个孩子将来会全能，一个不是全能的孩子，他一样可以很快乐，很成功。

7 岁的齐浩有发言权，而且有了自己做主的能力，于是齐妈妈就把

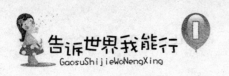
报兴趣班的事情告诉了他，听听他的选择。

听完兴趣班开设的课程，齐浩选了两个自己喜欢的——钢琴班和奥数班，又问，"美术是干什么呀？""美术就是画画，跟以前幼儿园黄老师教的画画差不多。""我不喜欢画画，还是别报了吧！"

第二天，齐浩和同学聊天之后，对妈妈说要报一个围棋班。齐妈妈问："你知道围棋是干什么的吗？""不知道啊，我们班有同学会下围棋呢！""哦，那你是准备报三个吗？这样你玩的时间就会变少呢！"齐浩认真地想了想，说："妈妈，那围棋还是别报了吧！"

最后，齐妈妈问："你考虑好了吧，是不是就这两个，不改了。如果不改，我明天就去帮你报名了。"齐浩说："不改了，报名的时候妈妈问问什么时候开始上课。"

看似很简单，但是这种让孩子做选择并不随便。除了孩子选择了自己喜欢的两门课程之外，孩子还参加了决策，这样他就会为自己的行为负责，开心上课，坚持到底。

报班太多，可能引发"厌学症"

任何教育都应该以孩子的身心健康为主，做到劳逸结合。如果给孩子报了很多班，其中大部分还是他不感兴趣的，那么这种过度教育，会引发孩子产生厌学情绪，甚至可能发展成为"厌学症"。

其实，上兴趣班，除了让孩子真的学到知识，更重要的是让孩子快乐。比如，学音乐，重心并不在学乐理知识，而是培养他的兴趣，提升他对音乐的感受力。如果孩子非常喜欢感受音乐，很快乐，那他就能主动去学。

32

大人错了，为什么不承认

经典案例

爸爸每次闯红灯都会找理由

11岁的徐明明在给知心姐姐的信中说：

我们小孩子犯错大人都会严厉地批评我们，并且要我们积极改正，可为什么到他们身上标准就不一样了呢？

昨天，爸爸骑着电动车带我去公园，在一个路口遇到了红灯，结果爸爸没有停下来，直接冲了过去。

我就跟我爸爸说不要闯红灯，这样很危险，但是爸爸不但不承认自己做错了，还找了各种闯红灯的理由。比如"等红灯多浪费时间""现在是辅灯，车子不会过来的""反正路上没有车，小心一点儿不会出事的"。我听了真的很生气。

知心姐姐，以前爸爸曾经因为不遵守交通规则被汽车撞了，可是

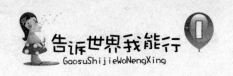

从那之后他仍然没有意识到闯红灯的危险，还找理由闯红灯。

你说，大人做错了事不承认也不改正，那我们怎么向他们学习啊！

妈妈总是口头上说"我错了"

周琪觉得家里一点儿也不公平。比如在家不允许在餐桌上看报纸。平时要是周琪这样做，肯定会被妈妈骂的。但是，妈妈自己却在餐桌上看报纸。

周琪指出来之后，妈妈口头上说"我错了我错了"，但实际上照看不误，还会给自己找不少理由。什么我今天有急事，只有这会儿有时间看；什么我又不是你这样的小孩子，不影响吃饭，等等。

周琪无奈地说："虽然是小事，但在大人身上就变成承认是一回事，改正又是另一回事了。而且要求我做到的事情为什么大人就可以例外呢？我觉得挺不公平的。"

心灵困惑

孩子的困惑

三年级的刘莉莉：说错话也要立马道歉，更别说做错事了。爸爸妈妈不以身作则，自己都做不到，怎么能让我们信服呢？

四年级的韩方：爸爸妈妈是"双重标准"，我做错事就罚，他们做错事就没事。为什么一到他们身上标准就不一样了呢？

六年级的崔悦然：我不小心把碗打破了，妈妈不分青红皂白就骂我。我解释说，是碗上有油，手滑。妈妈就说我是狡辩，罚我写检查。昨天，妈妈捧着一个西瓜上楼，却把西瓜摔烂了，我抬头看妈妈做错事后惭愧的表情，没想到妈妈轻描淡写地说："没事，没事，'碎碎'平安，'碎碎'平安嘛！"我不明白，为什么大人就有犯错权呢？谁给了他们这个权利呢？

父母的困惑

明先生：孩子犯错之后，不承认，还说他是跟我学的。我什么时候教过他这样的道理？孩子为什么"知错不改"？

杭女士：我和儿子陷入了冷战，因为我冤枉了他。事后我知道了真实情况，却还是说："我当初认为这错是你犯的，是因为你平时总会调皮，不老实。"听完这话，孩子就摔门不理我了。我这个大人怎么能向孩子承认错误，这样说孩子还不满意？

 答疑解惑 / 如何让爸爸妈妈"认错改错" ★

爸爸妈妈为什么不敢承认错误

每一位爸爸妈妈都说自己是"知错能改"的好父母，但是到了具体的事情上，他们的这些话就会有水分，打折扣。

爸爸妈妈为什么不敢在我们面前承认自己的错误呢？我们来听一听一位犯错爸爸的心声。

林爸爸说：说实话，让我承认错误，确实感觉很难。这种道歉的感觉很奇怪，是很没面子的！而且，我想维护自己在孩子心里的好形象，害怕孩子从此不再信赖我了。

于是，我就死鸭子嘴硬，知道自己错了但是不愿意承认，或者给自己找各种理由开脱，不认为自己错了，甚至有一次我还装傻，当作

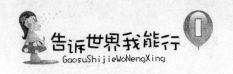
事情根本没有发生过。

看来，大人之所以在做错事后常以"强词夺理"、掩盖过失等方式来处理，是因为担心承认错误会影响他们在我们心目中的权威，或者认为"家长认错会没面子"。

通过讲故事，让爸爸妈妈意识到不认错的后果

林姗的爸爸妈妈总要求女儿有修养，做到随手关门、走路要轻、吃饭的时候把碗端起来、跟人说话要用礼貌用语等。

每次林姗犯错，爸爸妈妈就会板起面孔，责备她的错误很严重。然后，他们还让林姗正式道歉，并且一定要把"我错了""对不起""请原谅"这些词说得响亮。

林姗一开始做得非常好，犯错就承认。但是，她发现爸爸妈妈进出自己的房间从来不敲门、放东西的时候也不注意轻拿轻放，做错事情总不承认。林姗每次都给爸爸妈妈指出来，但是他们却总不道歉，而是回答："不要盯着我，我那样要求你都是为你好。"

几次下来，林姗觉得越来越委屈，心想自己的错误并没有多么严重，但却要正式道歉。慢慢地，林姗对错误越来越没有愧疚之心，直到拒绝承认错误。

爸爸妈妈往往以为不承认自己犯错，能维护自己的权威，能让孩子服气。其实，我们只会因为这样而更不信赖自己的父母，甚至养成知错不改的坏习惯。把这一点告诉爸爸妈妈，让他们学会以身作则。

另外，认真地告诉爸爸妈妈，如果他们承认了自己的错误，我们就会感觉到被尊重，也会更加喜欢爸爸妈妈，甚至还会和他们说心事。

在适当场合，指出爸爸妈妈的错误

谁都不喜欢被当众指出错误，这会伤了自尊，我们的爸爸妈妈也一样。当我们希望他们承认错误时，不妨在父母心情愉悦，没有其他人的时候，和他们谈一谈，指出他们的错误，并希望他们大方地承认错误。

 ## 写给家长的话 / 勇于承认错误的家长最可爱 ★

主动承认错误更能获得尊重

大人犯错误也是很正常的事情，不要觉得向孩子道歉就矮了一截，就没面子。有这种想法是因为家长从来没有把孩子放在同一个平等的位置。其实，平等正是教育的基础。如果家长能和孩子平等沟通，道歉就不是难事。

而且，榜样的教育是很重要的，如果想让孩子养成好习惯，最好能跟孩子一起培养、一起坚持。

另外，家长所不知道的事情是，当家长主动承认错误的时候，孩子反而会更加尊重父母。因为这种行为本身就是对孩子的尊重。

承认错误要真诚，以身作则去改正

有些家长是为了让孩子乖乖听话而道歉，本身并不觉得自己错了，属于"假道歉在先，真教训在后"。这种方式并不能获得孩子的认可，反而会伤害孩子稚嫩的自尊心。

所以道歉要真诚，千万不要在道歉的最后加上一句"其实都是你不好……"告诉孩子自己错了，一定改正，甚至自己处罚自己，或者

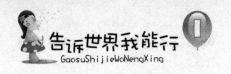

请孩子惩罚自己。

给孩子写一封道歉信

如果家长觉得很难当面向孩子道歉，那就不妨试着给孩子写一封道歉信。给孩子写道歉信更能够体现出父母的情感，让孩子更加感动。

一位母亲不让女儿看电视，两人发生口角后，她在道歉信中写道：

虽然批评你犯的错误，但在同时我也在犯着错误，比如态度粗暴，过度指责。孩子，如果我伤害了你的自尊，请你原谅我。我会学着去尊重你，到时请接纳我做你的朋友。

我希望在你我之间，先建立信任，再加强沟通，在选择做家长还是做朋友的问题上，我永远都愿意选择做你的朋友。

看完信后，女儿面带愧色地说："妈妈，其实我是最最爱你的！"

经常自我反省

台湾作家几米有一本书，叫作《我的错都是大人的错》，讲述了孩子对成人世界的担忧、恐惧、疑惑、快乐和愿望。

作为父母，不要认为一切的过错都是由于孩子的不良行为所致，而与自己的行为无关。比如，父母时常抱怨："为了孩子，让我做什么都愿意，但是，孩子就是不领情呀！""养个孩子花了我一生的心血，孩子还不听话，真是让人伤心！"等等。

家长要时常做自我分析，看一看到底是不是总在误解孩子。

如何看待孩子犯错

对于成长中的孩子来说，没有所谓的"犯错"，只有"经验"。成长是一个"错了再试"的过程，"失败"的经验和"成功"的经验一样可贵。

当孩子犯了错，正是教育培养孩子的契机。不要严厉地指责孩子，而是应该和孩子一起从犯错的事情中学到点儿什么。

科学家斯蒂芬·格伦小时候失手摔破了一瓶牛奶，她的妈妈没有发火，而是和孩子一起玩起了地上的牛奶，然后两人一起收拾干净。之后，妈妈教他如何用一双小手搬一只大奶瓶。从此，斯蒂芬·格伦明白他无须害怕犯错误，因为妈妈告诉他错误往往是学习新知识的开始。

此外，当孩子犯错之后，家长不应该埋怨他，也不要奚落他，要想想自己犯错误时的情形，轻松地安慰孩子，然后帮助孩子从错误中走出来，给孩子提供一些改正错误的建议。

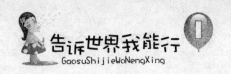

33

害怕过生日，
"心意"也要讲价格吗

经典案例

★

我患上了"生日恐惧症"

10岁的倪晨写信给知心姐姐，写道：

知心姐姐，看着手中这张全班同学的生日表，我很发愁。我觉得自己患上了"生日恐惧症"。

每到班里同学过生日，大家都要买礼物送给人家。没有钱，我只好缠着爸爸妈妈买，就怕得罪了同学。

上一次我生日，全班40个同学，35个给我送了礼物，相册、笔记本、电动玩具摆了满满一桌子。这说明我在班里的人气指数还是很高的。

当时，我很高兴，可马上就犯了愁。别人送我礼物，等他过生日我一定要还上，而且，还要比他送得要好一点儿，否则就会被说不够意思。

知心姐姐，我不是不想送礼物。可是，礼物越送越贵，我根本就承担不起，怎么办呢？

过生日，孩子请同学吃饭

易蓝上了小学三年级之后，过生日都是拿着钱请同学到外面吃饭。过一次生日，易蓝要花掉 500 元左右。

现在她上六年级了，正是功课紧张的时候，易爸爸不想让她去参加同学的生日聚会。但是，别人都去，不让她去，易爸爸又怕影响孩子的交友。可每次去，光礼物，易蓝就要花掉 100 多块，少了又怕面子上过不去。

易爸爸说："现在的孩子，过个生日怎么就变成攀比了？难道'心意'也是有价格的?"

心灵困惑

孩子的困惑

三年级的苏秋然：过生日时，25 名同学给我送了礼物。没办法，我只好缠着收入不高的爸妈在酒店订个单间过生日，请 10 名要好的同学吃一顿。因为别人过生日请过我，我过生日不请人家，同学会说我小气，看不起我的。这次还好跟爸爸妈妈说，可下一次怎么办呢？

四年级的孔君：同学过生日邀请了我，一开始我也答应了。可是，上周才给另一个同学送完生日礼物，我根本就没有足够的钱买一份上档次的新礼物。因此，我不想去。该怎么告诉同学我去不成才不会引起他的怀疑呢？

五年级的韩柏瑶：以前我要是为朋友准备一个生日礼物，就会提

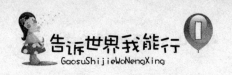
前买上材料，亲手做一个。可是，现在要送别人一个亲手送的贺卡什么的，大家都会议论"他是没钱"，收礼物的同学也不会高兴。哎，我难道非要买上百块的玩具送人吗？

六年级的葛雍：人们都说送礼送的是心意，"礼轻情义重"。可事实就不是这么回事，谁不喜欢漂亮贵重的礼物呢？难道礼物越贵，情意越深吗？

父母的困惑

师先生：一天，孩子跟我们说他身体不舒服，不想去上学。我觉得奇怪，再三追问，孩子才说出实情。原来，今天他们班里有个同学过生日，他的零用钱根本不够给同学送礼物，去了又尴尬，就想装病不上课。小孩子过个生日，怎么这么世俗了呢？

詹女士：孩子过生日，要单独聚会。过生日的人请客，参加生日宴的人则买昂贵的生日礼物。这一请一送，几百块钱就出去了。孩子说，知道我们辛苦，但是这个钱，希望我们一定要给。孩子这是怎么了？

 答疑解惑／送礼不攀比，心意是关键

★

过生日，可以量力而为送礼物

我们过生日，最高兴的就是收到同伴送来的生日礼物，哪怕是一个小小的玩具，或者是一张小小的贺卡，甚至是一架纸折的飞机或一艘小船，都会令我们高兴不已。因为礼物，代表着朋友或同学对我们的情谊。

而且，过生日聚会，请同学吃饭，的确可以增加朋友之间的交往。

它能使同学之间关系融洽，促进交流，让同学之间成为亲密无间的好伙伴，让同学们在学习之余尽情地"疯狂"一回，更添情趣。

但是，当生日变得愈发奢侈，送礼变成负担，我们的快乐也会减少很多。所以说，不妨量力而行。

不因过生日而攀比

一个十多岁的小学生过生日，请了几个同学去吃饭。为了不让同学小看他，他便在一家豪华的大酒店开了一个生日会。而他大手大脚地用钱，铺张浪费地搞这个生日会，却结出了一张万元账单，成了他父母的经济负担。

很多人收到礼物之后，往往会看哪一个同学送的礼物好，就和谁做朋友；谁送的礼物不好或谁不送礼物，就不和他做朋友。这种做法自然让我们在心里形成一种无形的攀比心理。

我们可以送礼物，但不要攀比礼物的价格；我们可以和同学在家聚聚，但不要到饭店吃豪华大餐。

动手制作充满心意的礼物

其实生日礼物只是心意的彰显，而不是价格的叠加。我们不是常听说"礼轻情义重"吗？

要是真的想送礼，那就根据各自的特长，做一些小礼物。然后自己绘制一张贺卡，并写上祝福的话，送给我们的同学吧。

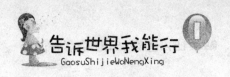

写给家长的话 /
让孩子的生日与礼尚往来变得简单而有意义 ★

不为孩子的面子而攀比

孩子过生日举办适当的活动，给孩子的童年带来欢乐和纪念，是每个家长的心愿。但是，小孩过生日相互攀比，档次愈来愈高、场面愈来愈大，这种现象确实值得家长警惕。

刘先生的女儿上小学二年级，就接到了同学生日 party 的请柬。为了女儿能和同学打成一片，刘先生只能同意让女儿去。

可是他担心给小学生举办如此大规模的生日宴会，会给尚不能明辨是非的孩子带来不好的影响。

为了面子，一味在物质上攀比，这样做，不利于孩子健康成长。另外，如果全班 40 多名同学都这样过生日，一个月至少有三四次，那每个小朋友都会很累，还会影响学习和正常的生活。

让聚会和礼物简单而有意义

如果同学过生日邀请了孩子，可以鼓励孩子参加。但是，要告诉孩子不是别人怎样做，我们就一定要怎样做。父母可以建议孩子互赠小礼物，文具或者卡片等。

当自己的孩子过生日时，可以邀请他的同学到家里，但不是奢华的晚会，而是温馨的家庭聚餐。简单而有意义的聚会更适合孩子的健康成长。

另外，父母可以多给孩子一些有意义的东西，比如，他喜欢的书，或者带孩子听一场音乐会，或者和孩子一起献爱心，把快乐传递给其他人。

为什么每次都把我当出气筒

经典案例

我是父母的"出气筒"

11岁的韩江已经学会了察言观色，每天一进门，韩江就得先观察爸爸妈妈的脸色。如果他们笑容满面，他就能安心，像以前一样，看看电视，吃晚饭，再去做作业。但若他们的脸色不好，他就提心吊胆，什么都不敢做，连大气都不敢出。碰上这种情况，他都赶忙吃完饭，躲到屋子里老老实实地写作业。因为如果他吃饭慢，妈妈就会吼："还不快点儿吃，你把妈妈当保姆吗？东西乱丢，害得我每天都有整理不完的家务事，你和你爸爸都是这副德行……"

韩江羡慕那些生活在和睦、快乐家庭里的孩子。他不懂：为什么我的爸妈总是把我当成出气筒？

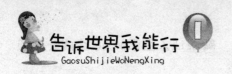

告诉世界我能行 ①
GaosuShijieWoNengXing

如果我是家长

11 岁的容诗茜在周记里写道：

我的爸爸性子火爆，说两句就会发火。尤其他最近工作不顺利，常常受气。我也知道，所以尽量不和他说那么多。

一天，爸爸回家时，我已经做完作业，正在看电视。他一进门，一声不响地坐着，突然他就开始吵我，说我不学习，说我没出息。我忍不住反驳了几句，他竟然还打我。我怎么哭，他都不放开我，最后还诅咒我，话说的特别狠。妈妈也不站在我这边，只让我们安静点儿，别那么烦。

老师，我觉得自己好累啊。我该怎么办呢？如果我是家长，我一定会做孩子的好朋友。我会和他聊天、谈心，绝不让他们受我这种委屈。

心灵困惑

★

孩子的困惑

三年级的山泽：有些事情很小，在我看来不值得打骂，为什么爸爸因为这么一件无关紧要的事情吵我？他从来不说任何原因，只会骂我。我到底做错了什么？

四年级的唐菲：为什么别人的父母不会把压力和坏情绪撒到孩子身上？我也希望家里每天都充满笑声。

父母的困惑

张先生：我没想打孩子，可是看着孩子红肿的脸和不停的眼泪，我都不知道自己怎么了。

徐女士：一回家，见女儿将那本我喜欢的画册给弄皱了。我就火

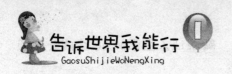

如果我是家长

11 岁的容诗茜在周记里写道：

我的爸爸性子火爆，说两句就会发火。尤其他最近工作不顺利，常常受气。我也知道，所以尽量不和他说那么多。

一天，爸爸回家时，我已经做完作业，正在看电视。他一进门，一声不响地坐着，突然他就开始吵我，说我不学习，说我没出息。我忍不住反驳了几句，他竟然还打我。我怎么哭，他都不放开我，最后还诅咒我，话说的特别狠。妈妈也不站在我这边，只让我们安静点儿，别那么烦。

老师，我觉得自己好累啊。我该怎么办呢？如果我是家长，我一定会做孩子的好朋友。我会和他聊天、谈心，绝不让他们受我这种委屈。

心灵困惑

孩子的困惑

三年级的山泽：有些事情很小，在我看来不值得打骂，为什么爸爸因为这么一件无关紧要的事情吵我？他从来不说任何原因，只会骂我。我到底做错了什么？

四年级的唐菲：为什么别人的父母不会把压力和坏情绪撒到孩子身上？我也希望家里每天都充满笑声。

父母的困惑

张先生：我没想打孩子，可是看着孩子红肿的脸和不停的眼泪，我都不知道自己怎么了。

徐女士：一回家，见女儿将那本我喜欢的画册给弄皱了。我就火

176

了，逮着她说了一通，还不解气。女儿不明白是怎么回事，边哭边说："你是坏妈妈，我不喜欢你。"听完，我也难过极了，难道真的是在老板那里受来的气撒在了女儿身上？

答疑解惑 /
爸爸妈妈心情不好，我们能做什么？

爸爸妈妈情绪不好时把我们当成发泄对象，这确实是他们的不对。

我们可以找个时机，把自己的感受告诉他们，最好是他们心情愉快的时候。比如你可以说，"爸爸，你心情不好，我也很难过。""妈妈，今天老板是不是批评你了？我知道你今天一定是忍不住才发火的。"这样说的话，就能让爸爸妈妈认识到自己的不当言行，从而努力改正。

如果我们自己不知道怎么跟爸爸妈妈说，还可以告诉爷爷奶奶或外公外婆，让他们去帮忙说服爸爸妈妈。

另外，为了避免父母拿我们撒气的发生，在他们心情不好的时候，我们尽量少犯错，多做让他们开心的事。比如自觉地复习功课，主动做扫地、拖地、洗碗等力所能及的家务事，或者主动关心他们，哪怕是给他们倒一杯水。

爸爸妈妈肯定是爱我们的，只是有时候可能忽略我们的感受。多与他们交谈、沟通，让他们认识到你已经长大了，应该尊重你。当然，有时候，我们也要学着去体谅父母，因为他们承受着很大的压力，难免有心情不好的时候。

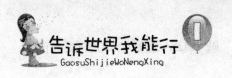

写给家长的话／别让自己的坏情绪伤害了孩子 ★

大人的坏情绪伤害孩子的心灵

心情不好的时候，一些行为就难以控制，尤其是拖着疲惫的身体回到家，却发现孩子把地板弄得一团糟，真是气不打一处来。但家长却容易忽略这无意中的行为给孩子带来的心理创伤有多深。

林先生因为项目出了一点儿差错，挨了领导一顿批评。回家后，7岁的儿子却非要拉他一起玩捉迷藏，他不耐烦地甩开儿子的手，吼道："自己去玩，别烦人了。" 惹得儿子大哭，失控的他又抬手打了儿子一巴掌。

妻子一边哄孩子一边说："你在外面受了气，拿孩子出什么气？"事后，林先生很愧疚，并想了一个补救的方法。第二天，他专门去买了一把儿子喜欢的冲锋枪，向儿子道歉，说自己昨天心情不好，不该冲他发火，更不该动手打他。

父母的情绪对孩子的影响是显而易见的，如果遇到什么不如意的事就暴跳如雷，那他的孩子也一定是容易烦躁和发怒的。而且随着孩子年龄的增长，家长心情不佳时对孩子说的话，很容易刺伤他的自尊心和自信心，让其变得惊惧，迷茫，自卑，自我贬低，全无学习上进的热情，甚至悲观厌世。

养成先处理情绪，再处理事情的习惯

作为父母要养成先处理情绪，再处理事情的习惯。尽量不要把在外面受到的冷落、批评等不如意的心情带回家。每个儿童都是有尊严

的、独立的个体，不应该看作是家长的私有财产。高兴时，对孩子又搂又抱又亲，不高兴时就又打又骂给冷眼，这样会让孩子感受不到尊重和平等。

如果心情实在很糟糕，既不想压抑，也不想发泄给家人，那就开诚布公地告诉孩子：我今天很烦恼，很生气，为什么很生气。这样的倾诉既排解了压力，也加强了和孩子的沟通。

另外，若夫妻双方发生矛盾，不要当着孩子的面争吵，以免孩子失去安全感。

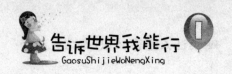

35

爸爸妈妈离婚了，
他们不爱我了吗

经典案例

★

爸爸，你到底爱不爱我

10岁的苏芙蓉很不开心，因为爸爸妈妈今天离婚了。

苏芙蓉不知道爸爸妈妈为什么会离婚。虽然有些同学说他们的爸爸妈妈老是吵架、打架，所以离了婚。可是，她的爸爸妈妈从来不吵架，就是不太说话。

有时候，妈妈会给爸爸写字条，但爸爸看了还是不说话。平日，苏芙蓉总是和妈妈在一起，讲笑话，去公园玩，查作业。而爸爸不经常陪她。

后来，爸爸提出和妈妈在一起过不合适，要分开过。苏芙蓉听了就忍不住哭，她不知道该怎么做，但是她不喜欢爸爸妈妈分开。

苏芙蓉说："虽然妈妈说爸爸永远是我的爸爸，但要是他们分开了，我就会少一个亲人的。爸爸要和妈妈分开，是不是因为他不爱我们了，所以不要我们了？"

我要报复爸爸

11岁的季杉在给知心姐姐的信中写道：

爸爸妈妈离婚了，我成为一个孤儿，所以我经常逃学。

其实，自从我记事起，爸爸妈妈就一直吵架。因为爸爸出轨，他和妈妈一直闹得不可开交，从来没有开心过。

离婚后，爸爸本来不想要我，但我还是坚持选择跟爸爸。这是隐藏在我心底的秘密，因为爸爸把这个家毁了，他抛弃了我妈妈，我要报复他。

知心姐姐，你说大人既然没有感情，为什么要把我生下来？生下来之后，他们既然不能爱我，又干吗把我养大？

心灵困惑

孩子的困惑

二年级的潘沐：我爸爸妈妈离婚了，我很伤心。同学妮妮的爸爸妈妈离婚了，妮妮跟爸爸生活在一起，妮妮经常迟到，经常穿着脏衣服来上学，所以小朋友都不喜欢她，连老师都不喜欢让妮妮回答问题了。我不想像妮妮那样成为不受小朋友和老师喜欢的孩子。爸爸妈妈可以不离婚吗？

三年级的周尚蓝：我一直以为爸爸妈妈很相爱，现在才知道一切都是假的。爸爸妈妈既然不爱我，为什么要生下我呢？

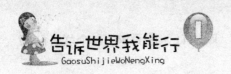
五年级的刘棠烟：爸爸妈妈离婚后，两个人都用金钱诱惑我做出选择跟谁。我不是小孩子了，我知道钱能买很多东西，但是买不到亲情。既然他们两个都不爱我了，给我那么多钱又有什么用呢？

父母的困惑

汪先生：曾经我很自信，说离婚对儿子可可没有一点儿影响。但是现在，面对逃学打架的可可，我只能说没有想到会对可可造成这么大的影响。孩子这样，我该怎么让他振作起来呢？

冯女士：我离婚一年半了，9岁的孩子跟我。前几天，孩子突然对我说："爸爸肯定不爱我。"我问他为什么，他说："因为爸爸和妈妈离婚了，爸爸都不爱妈妈了，怎么会爱我？"我一阵心酸。我和孩子的爸爸都已经离婚这么久了，孩子还在纠结爸爸到底爱不爱他。我该怎么安慰孩子，让他从我们的事情中走出来呢？"

宁女士：孩子生气地对我喊："妈妈，你为什么要生下我，生下我却不爱我，生下我却抛弃我，当初在生下我的时候为什么不丢弃我……"我听了真的很难受。当年和丈夫总吵，在孩子最需要我的时候，我离开了他。如今孩子12岁了，脾气很坏，言语里总是恨意，我该怎么办呢？

 答疑解惑／你只是个孩子 ★

我们为什么无法面对父母离婚

在我们的眼里，没有什么比家庭和谐、爸爸妈妈的疼爱更重要的。当我们珍视的东西（完整的父爱与母爱）破裂的时候，一直都被幸福包围的我们自然会很难受。对于爱的渴望让我们责备自己。

而且，我们对爸爸妈妈有着不可动摇的忠诚，如果一方有错，我们就会迅速站在被伤害的那一方。但是，如果爸爸妈妈都有错，我们就不知道该怎么办，不知道该同情谁、该指责谁。

这种怨与痛无处发泄，我们就会认为是爸爸妈妈不喜欢我们了，所以他们才会吵架，才会分开。尤其担心爸爸妈妈会透露那种不希望我们去打扰他们的新生活的意思。这种渴望爱而被拒绝，会让我们更加焦虑难过。

爸爸妈妈永远爱我们

不管爸爸妈妈的婚姻关系走向何方，我们永远是他们的孩子，这是永远无法更改的现实，而他们对我们的爱也不会因为婚姻关系的变化而发生变化。

小川的父母从他5岁时开始争吵。12岁时，小川的父母离婚。长大后，小川感悟到：其实婚姻里真正受到伤害的是我们的父母，他们用了很长的时间相爱，然后不爱了。然而，为了我们，他们又不得不痛苦地在一起。当他们分开时，又因为我们的存在而牵肠挂肚。我敢说没有一个父母是因为不爱自己的孩子而离婚的。所以，从今天起我要照顾好我的爸爸妈妈。

理解、尊重并相信父母

可能很多人都做过努力，希望爸爸妈妈不要分开。可是，到最后，我们却发现曾经的努力都无济于事。

不如接受这样的事实，对于爸爸妈妈之间的感情问题，我们无能为力。所以，当我们还读不懂爸爸妈妈之间的问题时，请让自己相信，爸爸妈妈之间的问题需要他们自己去处理，这是他们的事情。

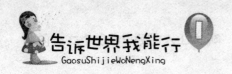

而且，虽然我们与爸爸妈妈骨肉相连，但我们不需要为他们承担什么。这不是我们的错。

做一个孩子可以和应该做的

我们是爸爸妈妈的孩子，从他们那里承接了生命，这是我们和他们之间最重要的连接。珍惜这份礼物，活得积极、健康很重要。

有些孩子觉得爸爸妈妈离婚就是不爱自己了，就想通过不学习、逃课、打架等方式博得爸爸妈妈的关心和爱，或是通过这种方式报复父母。这种做法既伤害自己，也伤害爸爸妈妈。

记住，我们只是个孩子，如果说我们有什么能做的，那就是照顾好自己，好好地面对自己的人生。

写给家长的话 /
用爱让孩子走出父母离婚的阴影

★

孩子小时候在心理上很依赖成年人，他们会本能地认可身边的成年人展示出来的世界的样子，并坚信不疑这个世界和自己有关。比如，爸爸妈妈恩爱，他会觉得因为自己是好孩子；爸爸妈妈吵架，他会怀疑是不是自己不好。

所以，离婚和由于离婚带来的一系列改变如果处理不好，就会给孩子的人生播下仇恨的种子，使他对爱情不信任，对婚姻产生恐惧感，进而对整个人生怀有疑虑和危机感。

离婚时：把对孩子的伤害降到最低

很多父母在离婚的时候，会说这些话，如"都是你不听话，所以爸爸不回家，不要我们了。""爸爸在外面找了个坏女人，不要我们了，他是个坏蛋。""爸爸不要你了，我们再也不理他了，不要他来看我们，好吗?""儿子，你要记住，天下的女人都是狐狸精。"等等。

这是在把消极情绪撒在孩子身上。本来，父母离婚对孩子来说，就是一件很不幸的事情，如果又人为地加重孩子的心理负担，则更加会令孩子伤心和痛苦。

和孩子解释离婚时，家长双方一定要态度平和，并且说明爸爸妈妈离婚不是孩子的错，是大人们自己的选择。更重要的是，告诉孩子，爸爸妈妈仍然很爱他，只是不能住在一起而已。

云舒和丈夫离婚了，她决定把离婚这件事情告诉女儿。

周日，她和女儿去公园游玩。玩得高兴的女儿说："爸爸怎么不来和我们玩呀?"云舒心平气和地说："我和你爸爸离婚了。"

女儿不相信，她又说："不是爸爸不要我们，是爸爸和妈妈之间有了问题，我们不愿再住在一起。但爸爸、妈妈都会像从前一样爱你。只不过爱的方式变了——如果这周妈妈陪你玩，下周也许就是爸爸陪你玩。"

女儿似懂非懂，问："是爸爸不好吗?"云舒很冷静地说："分手不一定是谁有错，是双方感情出现了问题。不是我们哪个人的错，更不是你的错。"女儿知道事情后，很久都不说话。

云舒不准别人在女儿面前说前夫的坏话，并提醒自己做个乐观的单身妈妈，陪女儿去兴趣班、逛街、游玩，并鼓励女儿和爸爸制订每

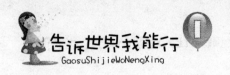

周出游的计划。

后来，女儿在作文里写道："我的爸爸、妈妈都是很好的人。虽然他们分手了，但他们对我的爱没有改变，我也一样深深地爱着他们。"

离婚后：继续对孩子表达爱意

离婚后，尽管孩子判给对方抚养，尽管每个月都付了养育费，尽管孩子并不认可，甚至充满怨恨，家长也要多和孩子相处，对孩子继续表达爱意。

比如，每个星期都给孩子打电话，并且不要在固定的时刻询问他在做什么；和孩子在一起的时候，多拍一些照片，并把照片寄给他；只要有时间，就和孩子一起参加他特别感兴趣的活动，比如打篮球和看电影。认识和了解孩子的朋友，邀请他们到家里做客。

最重要的是，不要通过贬低配偶来加强自己与孩子的联系。离婚后，应该建立和善、谅解的关系，共同爱护孩子，让孩子从父母离异的恐惧中逐渐走向平静。

死亡，就是去了另一个世界吗

经典案例

我会不会死？

周末，8岁的航航跟随爸爸妈妈回乡下老家参加了一位亲戚的葬礼。航航看到非常伤心的妈妈悲声痛哭的情景，并印在了心里。

回到家后，航航马上问："妈妈，你会死吗？"当时，没有留意的航航妈妈回答："生老病死是自然规律，但是妈妈能活到一百岁，离死还早呢。"但是，周一，航航就不肯上学了。问其原因，航航说，他不想离开妈妈。

晚上，航航妈妈给儿子盖好被子关灯时，航航突然问："妈妈，我会不会死啊？人死了以后会变成什么？会下地狱吗？有地狱吗？"在黑暗中听到儿子这样问，把航航妈妈吓了一跳。

看着儿子一脸不安的样子，航航妈妈真是有点儿惶恐。她内心对

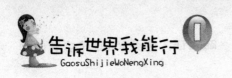

死亡也没有一个完整的认识，甚至也有一丝害怕。她不知道如何和孩子探讨"死亡"这个问题。

心灵困惑 ★

孩子的困惑

三年级的陈聪：那天我问奶奶："每个人都会死吗？"奶奶说人都会死，她也一样。我非常难过，不想失去奶奶，又问："那死了，还能见到奶奶吗？"奶奶却回答："我埋在泥土里，当然见不到了。"人死后，为什么要埋在泥土里？为什么就见不到了？我不想和爸爸妈妈、爷爷奶奶分开。

五年级的王翔：人死后为什么要火化呢？火化的时候疼吗？

四年级的方希：人死了之后会变成鬼，下地狱？还是会变成天使，上天堂？还是会变成星星？死了之后，去哪里呢？人死之后，会不会像电影里演的那样，再复活？

父母的困惑

许女士：孩子最近怎么问的问题都跟"死亡"有关呢？我是撒谎告诉他人不会死呢，还是说每个人都会死呢？直接说，每个人都必然会死，会不会吓到他？

林先生：自从孩子无意间在电视上看到死亡的画面，他就非常担忧自己将来死后会怎么样。他时常和我谈起死亡之后会怎么样这些话题，我也非常难过，但不知道如何消除他这种恐惧。

答疑解惑 / 人死了，就不会再活过来

死亡是一个自然现象，就像花朵会凋谢，小草会枯萎一样，都是很自然的。

我们年纪尚小，生命才刚刚开始，所以死亡离我们很遥远，还有数十年的时间，所以我们不必为那么遥远的事情担心。

关于死亡，大家可能有很多幻想，比如变成了鬼，下了地狱，会受很多苦。这不是真的，科学早已经解释了并无鬼神一说。

其实我们每个人就像是一朵云。一朵云在天空消失了，我们可以说它死了。但从另一个角度来说，云朵并没有真正死去。它变成了雨水，流入江河湖海，滋养着万物。就连我们手中的冰淇淋，也可以说是云朵的延续。

死亡，并不完全是生命的消逝，还是生命的转化和延续。虽然亲人总有一天会离开我们，但是我们的身体里每时每刻都流淌着他们的血液，存放着他们的细胞，承载着他们的精神，我们是他们生命的延续。

故事《长大后做个好爷爷》里讲，小小熊每周五都会去看望熊爷爷，他们一起吃茶点，一起爬上树屋看风景，熊爷爷还会给小小熊讲故事。

后来，熊爷爷越来越老了，只能窝在沙发里给小小熊讲故事。最后一次见到熊爷爷是在医院里，熊爷爷连讲故事的力气都没有了，于是小小熊反过来给熊爷爷讲故事，讲他们在树屋里看风景的故事。等故事讲完的时候，熊爷爷已经永远地睡去了，再也不会醒来。

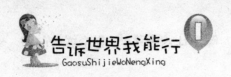

小小熊在妈妈怀里抽泣着说："等我当了爷爷，我一定要做个好爷爷，就像爷爷那么好。"

我们每个人的生命都是一份珍贵的礼物，千万不要浪费。我们要珍惜和爸爸妈妈、爷爷奶奶在一起的时光，珍惜生命、珍惜生活。

 写给家长的话 / 变死亡困惑为"生命教育"

孩子对死亡的意识远比大人想象的要早。对于孩子提出的"死亡问题"，家长若总是遮遮掩掩，模糊回应，会让孩子更加焦虑和恐惧。

给孩子安全感

孩子最恐惧的是有一天爸爸妈妈也会死去，这时候父母要告诉孩子："不要怕，爸爸妈妈会看着你长大，我们还会在一起生活很久很久。"让孩子感觉到父母在陪伴着他，爱着他，保护着他，他就会有安全感。

一位妈妈在临终时，对孩子说："妈妈不久就要到天上为你去种一棵枇杷树（儿子特喜欢吃枇杷），如果你以后学习努力，各方面都很好，那么妈妈就会非常高兴，那棵枇杷树上的枇杷也就会越来越多。"

这位妈妈充分理解了孩子的心情，用温馨的语言让孩子知道无论什么时候，父母都会陪伴他。这样，孩子对死亡的恐惧就不会转化为焦虑，同时也帮助孩子对死亡有了正确、健康的概念。

给孩子上"死亡课"

美国的家长更倾向于做出最为直截了当、简单明了的回答。他们将"死亡"视为一种"情感知识"存入孩子的"知识库"，以便将来宠物或者家庭成员真的离开人世时，孩子可以动用他所需要的"情感知识"，来理解他将面临的深深悲伤究竟是怎么回事了。

10岁的尼克养了只猫，取名沙罗，十分疼爱。当沙罗被车子碾死后，尼克悲痛难忍，痛哭不已。父亲罗布把小猫的尸体收拾起来，然后带着一个工具箱和一些板条，来到儿子身边，对他说："我认为我们应该在院子里为沙罗举行一个葬礼，你来帮帮忙，好吗？"尼克含着泪水答应了。他们钉了一个小箱子，在里面垫上一个柔软的材料，还在院子里挖了一个小墓坑。第二天早上，全家聚集在一起，为小猫沙罗举行了一个小小的葬礼。

事实上，美国一些小学校里甚至开设了别具一格的"死亡课"。由接受过专门训练的殡葬行业从业人员当教师，跟孩子们认真地讨论人死时会发生什么事，并且让学生轮流通过演剧的方式，模拟一旦遇到亲人因车祸死亡等情形时的应对方式，或走进火葬场参观火葬的全过程，甚至设计或参加一台模拟的"向亲人遗体告别"仪式，等等。

引导孩子珍惜生命

更为重要的是，家里的小宠物死了，或者童话书里的主人公去世，都是可以给孩子渗透"生命教育"的时机。父母的提示，目的不仅仅是让孩子认识到死亡，更重要的是要让孩子快乐地认识人生，懂得珍惜生命、珍惜生活。比如，父母可以在孩子追问死亡问题时，给他们看《汤姆的外公去世了》《爷爷有没有穿西装》《老鼠爷爷的告别信》《出生后的一天又一天》等书籍，引发孩子对生命的思考。

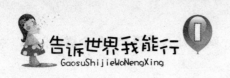

37

我迷上了电脑，怎么办

经典案例

★

我迷上了电脑游戏，怎么办？

10岁的司敬在作文中写道：

以前，我常听大人们在一起讨论孩子迷上电脑游戏的事，妈妈边听还边告诫我不许去玩。当时我想：什么电脑游戏，还会使人上瘾，才不信呢！

那天，我刚查完资料，见妈妈不在家，出于好奇，我便大胆地打开了"QQ游戏"，胡乱地点了这项"火拼泡泡龙"游戏。谁知，乱打一通后，我竟然赢了。这下，我就振奋了，继续玩着，把什么事情都忘记了。

时间飞快地过去了，连妈妈回来我都不知道。妈妈跑过来一看，立刻生气地责问我。我心惊胆战，不知如何是好。

之后几天，我像着了魔似的，无时无刻地想着打游戏，还期盼着妈妈快点儿出去，我好痛快地玩一场。

可我每次玩过之后，又陷入无尽的痛苦与自责中，眼睛也觉得很累，头也很涨，干什么都不舒服，甚至有点儿痛不欲生的感觉。我该怎么办呢？

儿子忙于聊天

李先生给9岁的儿子瀚海买了电脑，想着对儿子的学习有帮助。然而，从那以后，李先生就对儿子如何使用电脑感到惊讶。

因为每当他走进儿子的房间，瀚海都正在用QQ和网友聊天，而且一聊就是好几个小时。而且，很明显比他做作业用的时间长得多。

李先生有些无奈：我不可能一直看着我儿子啊。但是我如何能监督他上网呢？

心灵困惑

孩子的困惑

一年级的刘裳：我迷上了电脑，有作业不想去做，饭好了不想去吃，一看书本就想游戏，怎么办啊？

三年级的花灵运：爸爸妈妈老叫我写作业，但我不肯离开电脑，当我觉得不太好玩的时候，还不愿意离开，怎么办？

四年级的肖程：这几天，学习成绩下降了，我下决心再也不玩电脑了，可有时还是忍不住。妈妈吓我说："你再玩儿，我就把电脑砸了。"哎，我忍不住怎么办？

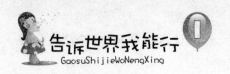
五年级的慕容晴天：我是家里的电脑迷。暑假，我正在家里打游戏，接到爸爸的电话，让我快点儿给把他的西服送到楼下。我正准备走时，看到自己刚才玩的游戏快输了，就把西服扔到一边，坐在那儿继续玩儿。大约过了十分钟后，等不急的爸爸怒气冲冲地跑上来，一看我正在玩游戏，怒火冲天。我是"中毒"了，怎么才能摆脱对电脑的迷恋呢？

父母的困惑

黄先生：儿子总是趁家人不在家就玩电脑，偷着用手机话费买游戏币，连吃饭都不去，整天待在家里。以前还喜欢打球，现在也不去了，学习成绩更是一落千丈。现在，把电脑藏到哪里他都会找到，我们真不知道该怎么办了？

郑女士：儿子最近迷上了玩游戏——植物大战僵尸，不给玩的时候就天马行空想象着游戏场景，导致吃不好睡不香，我看得心疼。他自己也好痛苦，我恨死游戏了，这该死的游戏是谁发明的，搞得孩子天天忘不掉。如何让孩子摆脱心魔？

陈女士：自从爱上"偷菜"，9岁的女儿小然就有些不听话了。每次上网她都是为了"偷菜"，很少再看优秀作文了。我说了她，小然也不愿意听。最近看了《少年黑客》这篇报道，我很有感触，如果女儿长期玩偷菜游戏，会不会也渐渐地认为偷窃是正确的呢？

 答疑解惑／如何正确使用电脑和网络 ················· ★

学会上网是现代人学习、工作的基本技能，我们不可能不"触网"，但我们需要学会正确地使用电脑和网络。

上网的利与弊

网络资源很丰富，我们可以通过上网查找学习资料和相关的课外知识。有时候，我们还可以超越时空和经济的制约，在网上看一些名校讲课视频或信息，甚至通过电子邮件寻求老师的指导。网络，让我们的学习变得轻松、有趣，让我们开阔了视野。

当然，网络也丰富了我们的课余时间，比如听音乐、看电影、打游戏。

不过，由于我们年龄还小，自制力不强，很容易沉迷于网络。

长时间对着电脑屏幕，不让眼睛做适当的休息，这样会影响我们的视力，导致近视，更严重的可能会患上"干眼症"。

而且，如果我们太沉迷于网络游戏和QQ，就很有可能把学业置之不理，学习成绩因而下降;甚至无心向学。天天和电脑为伴，不参加同学和伙伴们的活动，那就影响了正常世界里的人际沟通，慢慢的，我们就会失去朋友。

限制自己玩电脑的时间

长时间玩电脑会伤害眼睛，适宜的时间长度是半个小时到一个小时。每次上网，我们要给自己设定一个时间。规定自己玩多长时间，不能超过。坚持执行几次，就不至于玩游戏上瘾了。

正确防治"电脑病"

要缓解"电脑病"，使用电脑时，眼睛距显示器要大于70厘米;房间的亮度要和显示器屏幕的亮度适宜。

预防干眼病最好的办法是注意眼睛保湿。玩电脑时，要定时休息，而且每隔1小时就要休息5—10分钟，闭眼休息或远眺，让眼睛放松。

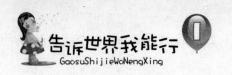
最好在电脑桌上放一盆仙人掌，它的刺能够吸收灰尘和辐射，防止皮肤过敏起疹。

"玩"出风格

既然喜欢玩电脑，那不妨玩出水平，玩出风格。到底是一种什么样的玩法呢？那就是成为电脑高手。

不如报一个电脑学习班，去学习怎么制作游戏，制作网页，甚至用计算机语言去编写程序软件。当我们把普通的玩乐变成对电脑世界的无限探索，这才是有风格的玩法。

 ## 写给家长的话 / 如何让孩子不沉迷网络

引导孩子使用网络

引导和监督孩子正确地使用电脑和网络是很重要的。家长可以为孩子挑选合适的软件，比如，健康的、有益的、孩子能接受的。必要时，应指导孩子使用软件，但不要全盘传授，要让孩子通过自己的努力去领会。

孩子上网可以，家长要引导和监督孩子到一些适合孩子们的网站浏览，比如科普网、教育网，开阔眼界，增长知识，陶冶情操，有利于学习。

关注上网安全

在尊重孩子隐私的同时，家长要让孩子认识到网络可能利用使用者的弱点，把孩子卷入不健康的、危险的、非法的行为中去。因此，要保证孩子在没有父母的允许下，不把自己的真实姓名、电话和号码或其他信息告诉网上结识的人。

和孩子一起玩游戏

如果担心孩子沉迷于网络游戏，家长可以亲子同玩，同参与，同交流。其实，对于孩子玩电脑，强行管制只能起一个短期效果，而通过亲子约定告诉孩子，人在任何时候都应该能有效地控制自己的行为，对自己负责。在这个过程中，如果做好了限时工作，到时间就停止，就会给孩子起到榜样的作用。

有个经验之谈，如果家长和孩子一起把游戏打通关之后，孩子的兴趣也会减少，渐渐会感觉游戏无味。

参加户外活动，让孩子动起来

家长应该培养孩子多方面的爱好，鼓励和引导他们多参加集体活动、户外活动，如散步、滑冰、打球等。这不但丰富了孩子的课余时间，也可以减少玩电脑游戏的时间，避免孩子整天坐在电脑前。

更重要的是，如果父母能保持一颗童心，积极带孩子参与户外活动并和孩子打成一片，孩子会非常开心，电脑的诱惑就会被淡化。

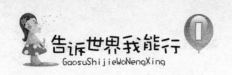

我拿家里的钱，算偷吗

经典案例

为买玩具，她偷拿家里的钱

小学二年级的丽丽和妈妈逛商场的时候，看到一个很可爱的洋娃娃。她求了妈妈半天，但因为洋娃娃标价 398 元，太贵了，妈妈没有同意。

不过，洋娃娃从此占据了丽丽的心。不久，她的生日快到了，她很想把那个洋娃娃买回来，又担心父母不答应。于是，她就趁爸爸妈妈不在家时，偷偷溜进他们的房间，从抽屉里找到了 500 块钱。

丽丽随后跟奶奶编了个理由，说同学委托她去购买一个洋娃娃，还把钱给了她。奶奶相信了，就带着丽丽去了商场。

为了掩人耳目，丽丽把玩具带到了学校，送给另一个同学范芳玩。不过，范妈妈觉得不妥，又让范芳送回给丽丽。这下丽丽的秘密露馅了。

见孩子为了买玩具，不但私自拿了钱，还撒谎骗奶奶，丽丽妈妈气得只想揍她，骂她小偷。丽丽知道自己不对，但是她不明白自己不过是拿了自己家的钱，怎么是偷呢？

孩子改不了，总偷家里的钱

孙妈妈在给青少年心理医生的信中写道：

您好！我儿子小明上小学四年级了，特别爱玩游戏。家里不给他那么多钱去玩，他就偷拿家里的钱。

第一次，小明拿钱，我们苦口婆心地谈，耐心地劝。第二次又偷钱的时候，我们没忍住打了他。可没过多久，他又第三次偷拿家里的钱。

我和他爸爸为这事儿特着急。每次批评他、打他，他就是改不了。而且，他总觉得偷家里的钱不是偷，从不知道错。请问我们该怎么办？

 ## 心灵困惑

孩子的困惑

小学三年级的申春玲：同学们都会拿零用钱买零食或杂志，也常常请我吃东西。可是我的零用钱很少，我也想偶尔回请同学一下。于是，我就悄悄地从妈妈钱包里拿了 50 块钱。后来被发现了，爸爸要打我，还说不打我长大就会变成小偷。我只不过是偶尔拿了钱，我真的不是小偷，爸爸为什么那么说？

四年级的樊涛：我又没有拿别人家的钱，我拿的是我亲叔叔的钱，怎么能算偷窃呢？

五年级的龙江海：我拿家里的 100 块钱去充话费，没来得及给家里人说，这能算偷吗？爸爸妈妈怎么那么紧张？

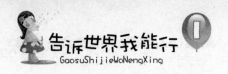

父母的困惑

白女士：我的儿子每个月都要偷家里一两百元钱去买零食以及一些小玩意儿，有时拿了钱还不肯承认。我劝也劝过，打也打过，连心理医生也看过。可是，儿子就是改不了。我该怎么让他认识到问题的严重性呢？

毕先生：从去年6月份起，我就发现钱包里常少钱，但数额不大。一问才知道是女儿拿走了。我很生气，孩子不经父母同意随意拿大人放在家里的钱是在偷。俗话说"小时偷针，大时偷金"，不趁这个时候教育，长大了怎么办？

许先生：我女儿常常会拿我放在家里床头、衣服口袋的钱买些零食和漫画。我总是装作不知道，然后再把钱藏好。我这么做主要是怕伤害孩子的自尊心，但是如果不点明批评，孩子是不是就会变坏呢？

 ## 答疑解惑／分清"偷"和"拿"　★

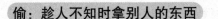

偷：趁人不知时拿别人的东西

小时候，我们常常有这样一种想法：只要我想要的东西，就可以"拿"过来。于是，我们看到别人的橡皮和玩具，很喜欢，就"拿"回家自己玩。

等我们慢慢长大，知道了什么是属于自己的，什么是属于别人的，还明白了不经别人允许拿别人的东西是偷，是不正确的。

但是，我们却不明白这个"别人"，也包括我们的爸爸妈妈和亲戚朋友吗？

我们想用钱买喜欢的文具、玩具、零食或玩游戏，不过爸爸妈妈不支持，不会给我们钱，于是我们就想要自己去拿，并觉得这没什么。这是错的，因为我们没有经过爸爸妈妈的允许。

如果偷拿家里的钱财过多，甚至可能被判有罪，受到法律的惩处。

偷拿了钱，要道歉和改正

家里的东西要拿出去，需要得到爸爸妈妈的同意，这既是对家庭财务的保护，也是对父母的尊重，是坦诚的表现。

想一想，如果家长在我们不知道的情况下拿走我们的东西，我们会有什么想法呢？当然会不开心或很愤怒。所以，如果我们拿钱用是时间上没有来得及告诉父母，那么只要态度诚恳地解释一下应该可以得到家长的原谅。

实在需要钱时，要跟爸爸妈妈商量

当我们真的需要购买什么的时候，可以跟爸爸妈妈讲明原因。比如，同学总给我好吃的，也想回请同学一次。不妨就告诉妈妈：我的同学总是对我很好，我也想对他表达谢意，想请他吃个饭（或者想给他买个礼物）。但是我的零用钱不够，想请妈妈"资助"一下。

爸爸妈妈会考虑到这是我们交友的一种正当需要，会给我们一定支持的。

帮忙做家务，用劳动从爸爸妈妈那里"挣"钱

爸爸妈妈挣钱是很辛苦的，如果我们想增加零用钱，不如和爸爸妈妈商量，每天拖地或者洗碗，用劳动换取零用钱。

这样做，除了获得金钱，还可以帮妈妈减少家务负担，既体会了爸爸妈妈的辛苦，也学会了珍惜财物。

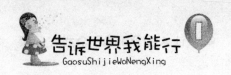
 写给家长的话／当孩子偷拿了家里的钱 ★

不应轻易冠上"偷"的概念

小孩子总会认为家里的钱是自己的，觉得拿了也不是偷，更不是犯罪。家长不应该轻易地上纲上线，上升到道德的高度上。更不应该用简单粗暴的打骂来惩罚孩子偷钱。孩子还小，心理还很脆弱，会因此以为自己就是小偷，不是好人，形成创伤体验。

如果家长已经向孩子三令五申地说明不能随便拿父母的钱，可小孩明知故犯，那不管多大，多少钱，一分两分都算是偷。这时，家长可以采取适当方式，帮助孩子改掉坏习惯。

问清原因，再进行分类引导

出现了孩子偷拿钱的事情，应先了解孩子为什么这样做。是哪里出了问题？是不是孩子的要求没有很好地处理或解释，还是平时太溺爱或忽视了孩子，应该怎么做才能更好？

一般来说，孩子拿钱仅仅是为了买零食、玩具和玩游戏、上网等。有合理的，有不合理的，合理的支持，不合理的讲清理由。尤其是孩子第一次偷拿钱时，家长一定要冷静郑重地教育孩子。

不管孩子的理由是什么，不管算不算偷，这种擅自拿父母财物的行为都是不好的，不管父母有多少钱，让孩子擅自拿钱，养成大手大脚的习惯都是错误的。

当孩子主动承认自己的错误而不是掩饰错误时，不要批评孩子，应该告诉他：你虽然犯了错误，但是你主动承认错误，让妈妈（爸爸）

很高兴。

和孩子一起讨论财富观

可以用参与劳动实践的方式，让孩子明白，钱得来不易，要取之有道，用之有度。比如，可以让孩子做一些力所能及的家务，并给孩子一定的奖励。和孩子探讨如果要钱，正确的方法应该怎么做，逐步引导孩子正确的财富观。

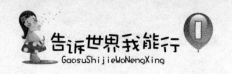

39

我想养宠物，
爸爸妈妈不同意怎么办

经典案例

★

小动物很可爱，为什么不让养

刘睿的童年是在农村度过的，他从小就喜欢养小动物，比如河里的鱼、树上的蝉、麻雀等。后来刘睿跟爸爸妈妈住进了城市，就再也没办法养小动物了。

半年前，叔叔送了刘睿一对可爱的小白鼠。刘睿非常高兴，每天放学第一件事就是看看小白鼠怎么样了，做完作业就逗小白鼠玩。

很快，爸爸就不让刘睿养了，认为小白鼠散发出一种难闻的臭味，每天还要帮它们清理粪便，非常讨厌。而且刘睿每天一边做作业一边逗小白鼠，为了玩小白鼠无心向学，长期下去就会影响学习。

虽然刘睿保证不影响学习，但刘爸爸还是趁刘睿上学，把小白鼠扔掉了。刘睿为此大哭了一场，一连几天都闷闷不乐。

刘睿无奈地说："其实我真的很喜欢小动物，觉得它们有灵性，很可爱。我真不明白，为什么大人那么武断，就是不肯让我养？小动物也是一条生命，怎么能随意丢弃呢？"

 ## 心灵困惑

★

孩子的困惑

三年级的匡文正：爸爸妈妈把我养的小白兔扔掉了，我很伤心。小白兔很无辜，它们什么都不懂，也不是它们的错。为什么爸爸妈妈这么狠心？

四年级的上官明月：前几天在我家门外看到一只走丢的小猫咪，我真的很想收养它，可是爸爸妈妈死活都不同意。养宠物也不是什么坏事啊！爸爸妈妈们为什么反对？

五年级的冉晗：我要养一只小型的狗狗。但是妈妈说狗狗会咬人，清理大小便很脏，所以不同意。我怎么向他们保证都没用。如何才能让妈妈同意我养狗狗呢？

父母的困惑

彭女士：我家女儿养了一盒蚕宝宝，冰箱里都塞满了桑叶不说，最主要的是我自己看到软绵绵的蚕宝宝就恶心。于是我坚决让女儿把蚕宝宝扔掉，可她大哭大闹，就是不肯。我该怎么办？

敖先生：9岁的儿子很喜欢养小白兔，每天放学就要回家看小白兔，逗它玩。我担心这会让儿子变得跟小白兔一样胆小，而且性格越来越柔弱。可是学校鼓励孩子养小动物，孩子常拿学校的鼓励跟我争辩。

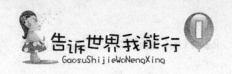

孩子到底该不该养宠物呢?

冷女士:宠物身上的细菌容易让孩子生病,我还担心宠物一旦丢失或者死掉,孩子的心灵会受到伤害。孩子什么都不懂,还说我没爱心,我到底该怎么让他放弃这个念头呢?

 ## 答疑解惑 / 理智地和大人谈谈养宠物 ★

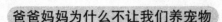

爸爸妈妈为什么不让我们养宠物

爸爸妈妈不让我们养小猫、小狗等宠物,可能有这样几个原因:他们对动物毛发、气味等过敏,本身不喜欢小动物;爱干净,觉得小动物比较脏,还有细菌;担心我们玩物丧志,影响学习;怕麻烦,工作很累,还要照顾孩子和宠物;家里地方比较小,实在养不了。

我们可以问问爸爸妈妈为什么不让养,并根据爸爸妈妈的原因找出适当的解决办法。如果实在不行,也要理解大人,等以后有条件了再养。

不要为了养宠物耍脾气、哭叫吵闹。这也许能达到目的,但爸爸妈妈只会更讨厌宠物。

问问自己是不是真的有能力照顾好小动物

养小动物并不是只要给它吃的喝的,带它玩就行了。小动物也会生气、伤心,也会生病、衰老、死亡,它也需要持续的爱和关心。

想养小动物时,要问问自己是不是一时冲动,能不能爱小动物几年甚至十几年,在它老的时候都不抛弃它。如果已经掌握了能够使它生活得很好的知识,愿意照顾它很久,那才可以。

如果爸爸妈妈态度很坚决，就是不同意养，那我们也千万别搞"先斩后奏"，这样最终受伤害的是弱小可爱的宠物。

郑重地说出我们养宠物的原因、好处和可行计划

和爸爸妈妈就这件事好好谈一谈，告诉他们为什么养宠物，比如动物可爱，流浪猫可怜，或者培养观察能力，又或者自己很孤独需要伙伴，等等。

而且，可以告诉爸爸妈妈养宠物有助于培养爱心、责任感和耐心。比如，"养动物可以培养我们的责任心，我们大多数人都是在父母的怀抱里长大的，最缺少的恰恰就是责任心。"或者"如果有陌生人，狗狗还可以保护我们"。

另外，爸爸妈妈很担心我们养宠物是一时冲动，担心以后宠物还得他们照顾。所以，我们独立一点儿，锻炼出能够照顾自己和小动物的能力，做好基本的安排，并保证会自己照顾它。

向爸爸妈妈保证不影响学习

这点很重要，毕竟我们现在以学业为重。我们可以跟爸爸妈妈签下协议，说明自己会照顾小动物，而且，以后一定更努力学习。

写给家长的话 /
宠物是孩子成长过程中不可缺少的玩伴

据调查，70%的中国家庭只要有了孩子就不养小动物，理由是，宠物对孩子的健康有威胁。而一些西方国家几乎家家都有宠物，因为宠物是孩子成长过程中不可缺少的玩伴。

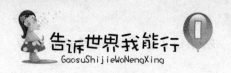
养宠物可以培养爱心和责任心

养宠物提供了让孩子接触自然的机会，让孩子了解到一个生物是如何成长、繁衍的。在这个过程中，孩子也学会了如何尊重其他生命，体会到动物也和人类一样，也有喜怒哀乐，也会害怕孤独，也需要别人的关心。

这样能培养孩子的爱心，而不容易出现粗鲁地对待和虐待小动物的行为。而且这种行为也是一种模拟生活，孩子会把小动物当成自己的孩子，在饲养小动物中领悟到父母养育自己的辛劳，还能促进亲子关系。

至少可以养一些"干净"的小动物

在尽量不影响学习的情况下，可以考虑让孩子养养宠物。若是怕脏，可以让孩子养一些"干净"的小宠物，像鸟、乌龟、金鱼之类。

养宠物也是一种生命教育

养宠物，让孩子真实地看见出生和死亡，这其实也是一种生命教育。孩子会知道人最后都是会死的，就跟动物一样。某些层面上，他已经开始了解死亡这件事。

如果家里实在不能养，怎么办？

如果家里实在不具备养小动物的条件，那家长可以把情况跟孩子摊开来讲，并告诉孩子："其实，爸爸妈妈也喜欢小动物，但条件不具备，宠物养得不适当，是对生命的不尊重和伤害。爱小动物，不一定非要买回家养，让它们自由自在地在大自然里才是最好的。"

另外，如果孩子真的喜欢小动物，就可以多带孩子去动物园走走。在持续的引导和影响下，父母与孩子之间就容易消除因养宠物带来的烦恼。

妈妈偷看我的日记，
小孩子就没有隐私权吗

经典案例

妈妈像个私家侦探

10岁的舒昕很烦恼，因为他的妈妈像个私家侦探，总是千方百计地偷看他的日记，侦察他的隐私。

每当舒昕发现自己的日记被偷看后，就很愤怒，并和妈妈吵架。但是，妈妈根本就无视舒昕的愤怒，依然以收拾书包为名，查看他的日记。

更让舒昕受不了的是，妈妈还经常不顾他的感受，把他日记里的内容告诉别人。一次他写道：长大后希望找一个爱唱歌的女孩做女朋友，这样才有话聊。谁知，妈妈就把这话传给了所有亲戚，害得舒昕常被大家取笑。

上周，舒昕在给笔友的信里写讨厌妈妈唠叨和霸道。妈妈偷看后，

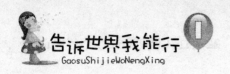

竟拿着日记本骂他不知好歹，没有良心。

舒昕觉得妈妈太过分了，伤心地吼道："妈妈，你从小教育我要尊重别人。可你现在尊重我了吗？我也是一个人，你凭什么偷看我的日记，侵犯我的隐私权？"

我不想要这样的"关心"

12岁的蓝岚在给知心姐姐的信中写道：

知心姐姐，你好。我已经整整一个星期没有和妈妈说话了，因为妈妈趁我不在家时，偷看我的日记。

我从小就养成了写日记的习惯，常把和朋友吵架、考试没考好、心里的愿望等一些不愿意让爸爸妈妈知道的事情写在日记里。

上星期一，我忘了把日记本放回上锁的抽屉，回来就发现日记本被动了。我问妈妈，她竟说："我看你的日记有什么了不起，我是你妈妈，我有权知道你的心事。"

知心姐姐，我有秘密，但并不像父母想象的那样都是坏事。我已经长大了，有自己的判断力，爸爸妈妈为什么不相信我。他们说看我的日记就是关心我，我宁愿不要这种"关心"。

心灵困惑 ★

孩子的困惑

三年级的丁雪曼：吵架、摔碗、冷战，为了保护自己的隐私权，我常和爸爸妈妈做斗争，不过结果都是失败。现在我真的一句话也不想和他们说了。为什么爸爸妈妈总是那么自私，从来不考虑我会不会伤心？

四年级的柴靖云：爸爸妈妈总是喜欢擅自查看我的日记、QQ 聊天记录，理由就是我未满 18 岁，必须服他们的管。我很烦恼，就因为我是未成年人，就没有维护个人隐私的权利吗？

五年级的顾怜星：昨天早上，我发现妈妈又偷看我的日记，可上次她明明向我保证不再这样了。我问她为什么，她竟说："我看你的日记有什么了不起，我只不过想知道你最近有没有和男生来往。"我真的很伤心，为什么在爸爸妈妈眼里我就像一个犯人，一举一动都得被盯着？

六年级的文城铭：我在家时，常喜欢把手机放在茶几上。一次同学和妈妈吵架，约我散心。谁知，妈妈把我拦在门口，还说和父母吵架的都不是什么好孩子，让我以后少跟他玩。我这才知道妈妈偷看了我的短信。我的短信就不是隐私吗？妈妈为什么不能给我一点儿私人的空间？

父母的困惑

丁先生：孩子越长大，越不愿意和我们沟通了。现在社会上很乱，不听他电话怎么能知道他都结交一些什么人。家长有监护权，我们这样做也是为了孩子好啊！这难道也有错吗？

游女士：小孩子哪有什么隐私，我看短信，偷听他电话，只是关心、爱护他，并没有恶意，如果不这样做，又怎能了解孩子的异常状况呢？

曾先生：尊重孩子的隐私权就是放纵孩子，他们学坏怎么办？我翻书包、看日记，都只是了解孩子、及时管教他的一种手段，否则，一旦出现不良后果谁负责？

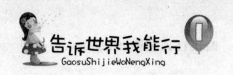

 ## 答疑解惑／小孩子有隐私权

大人偷看孩子的隐私是不对的，是违法的

《中华人民共和国未成年人保护法》第三十条明确规定："任何组织和个人不得披露未成年人的隐私。"

也就是说，只要是我们不愿意公开的日记、短信、聊天记录、邮件等都属于个人隐私，如果没有我们的允许，别人是不能看、不能说出去的，否则就是违反了法律。

爸爸妈妈偷看我们的日记短信，说明他们不知道未成年人的隐私是受到法律保护的。我们应该耐心地告诉他们这个道理，请他们改正。

如果爸爸妈妈不听劝阻，我们可以向未成年人保护委员会等机构反映，请求这些机构对父母进行批评教育。当爸爸妈妈严重侵害我们的隐私时，我们也可以直接向法院起诉，要求他们停止侵害、赔礼道歉甚至赔偿损失。

换个角度，体谅爸爸妈妈的"不得已"

随着年龄的增长，我们开始有了一些不愿意和爸爸妈妈说的"秘密"。爸爸妈妈担心我们受到不好的影响或者出现异常情况，出于关心和责任，他们不得不偷看我们的日记、信件、短信等。

爸爸妈妈查看我们的隐私的出发点是好的，只是方法不对。

主动和爸爸妈妈聊聊自己的生活

发现爸爸妈妈偷看我们的隐私时，要在理解爸爸妈妈的苦心、尊重他们的疼爱的基础上和他们诚恳地谈一谈。

谈一谈自己受伤的心情，表达希望父母尊重自己的心愿。比如，让他们知道，我们不被信任和不被尊重是非常痛苦的。爱和关心不是表现在想方设法打探我们的隐私上，而是靠相互尊重和沟通。

平时，我们可以每天睡前和爸爸妈妈聊一聊学校和班级里的事、自己的见闻以及朋友的情况。通过交谈，我们可以了解到父母的观点，得到他们的帮助和点拨。

爸爸妈妈了解了我们的情况，他们就没必要再翻我们的日记本了。

写给家长的话 /
孩子是飞翔的风筝，沟通胜于监控

关心无错，但侵权违法

家长偷看孩子日记，偷听孩子电话，总觉得是出于关心，目的是了解孩子想什么，以便更好地管教孩子。可以说，出发点是好的，但是，方式方法用错了。

2007年6月1日开始实施的《未成年人保护法》规定："任何组织或者个人不得披露未成年人的个人隐私。对未成年人的信件、日记、电子邮件，任何组织或者个人不得隐匿、毁弃。"

也就是说，偷看孩子的日记、短信、聊天记录等行为从法律层面上讲是侵犯孩子隐私权的违法行为，孩子有权通过起诉维护自己的隐私权。

偷看孩子的隐私会伤害的孩子的心灵

家长出于爱孩子而偷看孩子日记、短信的行为，本身对孩子心理

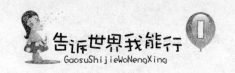

造成了很大伤害。孩子一旦出现逆反心理，就会与家长产生更大的隔阂，原本浓厚的亲情也会淡薄很多。

如果这种"偷看行为"长期而频繁，可能还会使孩子患上抑郁症，甚至出现性格扭曲。这对他们的身心健康发展极为不利，家长不应该举着各种美丽的幌子去任意揭露他们的隐私。

要有尊重孩子的意识

父母常常把孩子当成自己的附属品，而不是一个独立的人。因此，就会觉得翻看孩子的书包和手机短信是自己的私事，没有什么尊重不尊重、侵权不侵权之说。

这是错误的想法。孩子是一个独立的个体，有独立的人格和心理，应该给他们独立的空间。父母应该平视孩子，尊重孩子的隐私权，不要轻易去动孩子抽屉上的锁。如果真的偷看了孩子的日记，有必要向孩子诚恳道歉，取得孩子的谅解。

良性沟通胜于监控

通过监控的方式将孩子的内心看透，反而会激发和孩子之间的矛盾。解决这一问题的关键在于沟通。

广州市青少年研究所曾锦华所长曾语重心长地说："在有关孩子隐私的问题上，孩子是飞翔的风筝，允许他飞翔，但家长要控制好手中的线……以朋友身份走进孩子的内心，孩子是能够接受的。"

家长不要苛求处在叛逆期、并不成熟的孩子站在自己的立场去考虑，应主动根据孩子不同年龄段的生理和心理特征，抓住机会尽量多和孩子沟通。